나도 아버지를 닮고 싶어요

자녀에게 자존감과 목적의식을 심어 주는 열 가지 방법

나도 아버지를 닮고 싶어요

펴낸 날 · 2013년 4월 5일 | **초판 1쇄 찍은 날** · 2013년 4월 10일
지은이 · 조시 맥도웰 | **옮긴이** · 박남용 | **펴낸이** · 김승태
등록번호 · 제2-1349호(1992. 3. 31) | **펴낸 곳** · 예영커뮤니케이션
주소 · (136-825) 서울시 성북구 성북1동 179-56 | **홈페이지** www.jeyoung.com
출판사업부 · T. (02)766-8931 F. (02)766-8934 e-mail: jeyoungedit@chol.com
출판유통사업부 · T. (02)766-7912 F. (02)766-8934 e-mail: jeyoung@chol.com

copyright ⓒ 2013. 예영커뮤니케이션
ISBN 978-89-8350-837-9 (03230)

값 13,000원

* 잘못 만들어진 책은 교환해 드립니다.

나도 아버지를 닮고 싶어요

자녀에게 자존감과 목적의식을 심어 주는 열 가지 방법

(The Father Connection)

조시 맥도웰 지음

박남용 옮김

예영커뮤니케이션

사랑하는 아빠에게

사랑하는 아빠,

아빠에게 이 편지를 쓰는 것은 큰 영광이자 특권이에요. 아빠가 엄마와 우리들을 사랑하시는 방법에 대해 얼마나 감사한지요. 아빠는 언제나 내가 중요한 존재라는 것을 느끼게 해주셨어요. 아빠와 함께 물풍선 던지기를 하고, 침대에서 뛰어 놀고, 아빠의 머리 모양을 바꾸고, 아이스크림을 얹은 코코아를 사먹으러 가고…. 아빠와 함께 보낸 어린 시절의 많은 기억들은 내게 참 소중하답니다. 아빠가 항상 엄마를 존중하고, 성적 순결에 대해 개방적으로 대화하며, 십대 시절에 아빠의 데이트 상대로 저를 데리고 나갔던 일들은 한 남자가 나를 어떻게 대해 주기를 원하는지를 마음에 새기게 해주었고, 건강한 결혼관을 가지게 했어요. 그래서 아빠같이 인자하고 진실한 사람과 결혼할 수 있도록 기도하고 있어요.

내가 하나님의 형상으로 창조되었기 때문에 정말 가치 있는 존재라는 것을 보여 주신 아빠에게 영원히 감사할 거예요. 내가 본질적으로 가치를 지닌 존재임을 알게 되어서 자유롭게 새로운 것을 시도하고, 실패를 해도 낙오자라는 느낌을 갖지 않고 성장할 수 있었어요. 올바른 선택을 할 수 있도록 방법들을 가르쳐 주셨지만, 실수했을 때에도 무조건적으로 나를 사랑해 주셔서 감사합니다. 아빠는 자신의 실수를 인정하고 필요할 때 용서를 구하고, 다른 사람의 실수를 허용하고, 원한 없이 빨리 용서하는 것이 어떤 것인지를 몸소 보여 주셨어요.

내가 자라는 동안 아빠는 나와 함께함으로 아빠가 아빠의 역할을 얼마나 소중히 여기는지 보여 주셨어요. 아빠가 나에게 베풀어 준 무조건적인 사랑은 나에게 안전함을 느끼게 해주었고, 다른 사람을 사랑할 수 있도록 도와주었어요. 아빠에게 너무나 감사해요. 아빠와 했던 많은 대화들과 웃음들을 소중히 간직할 거예요. 아빠는 나에게 하나님을 사랑하고, 다른 사람들을 돌아보며, 삶을 최대한 즐길 수 있도록 가르쳐 주셨어요. 나는 이 책이 다른 아빠들에게 자녀를 위해 시간을 투자하도록 동기부여하고, 자녀가 올바른 선택을 하도록 돕는 데 필요한 방법을 가르쳐 줄 것이라고 믿어요.

아빠가 너무나 자랑스러워요. 아빠가 나의 아빠라는 사실에 너무나 감사해요.

사랑하는 켈리Kelly가

사랑하는 아버지,

아버지가 부모의 역할에 대해 강연하는 것을 여러 번 들었음에도 불구하고—물론 이것은 아버지를 통해 배운 여러 가르침들 중 하나에 불과해요!—이 책은 내게 새로운 지평을 열어 주었어요. 이제 아빠가 되고 보니 "부모님들이 이런 상황을 어떻게 다루셨지? 아버지가 이 상황에서 어떻게 하셨지?"라고 생각하는 제 자신을 보게 돼요. 아버지가 켈리, 케이티, 헤더 그리고 저에게 하셨던 것처럼 제가 아이들에게 좋은 아빠가 되도록 도와 달라고 하나님께 진심으로 기도하고 있어요.

사람들은 종종 조시 맥도웰의 아들로 살아가는 게 어떠한 것인지를 묻곤 해요. 그러나 조시 맥도웰의 아들인 것이 저에게는 중요하지 않다고 말하면 사람들은 놀라곤 해요. 제가 아버지를 생각할 때 처음 떠오르는 생각은 어머니를 사랑하고, 제 야구경기를 보기 위해서 다른 희생들을 감수하고, 어린 시절의 믿기 힘든 아픔들을 극복하고, 자신이 잘못했을 때 미안하다고 사과하고, 웃으며 삶을 즐기고, 자신이 믿는 바를 담대히 주장하는, 한 남자로서의 저의 아버지예요. 이런 이유 때문에 저는 당신을 '나의 아버지'라고 부르는 것이 자랑스러워요.

이 책에서 아버지가 강조하는 것 중 하나는 아이들과 추억을 만들어 가는 것이 얼마나 중요한지에 대한 것이죠. 어린 시절을 되돌아볼 때 가족으로서 아버지가 우리를 위해 만들어 주셨던 추억들이 얼마나 많은지 놀랍기만 합니다.

저는 수많은 재미있었던 시간들을 기억해요. 자쿠치(Jacuzzi, 기포가 생기게 만든 욕조로 네다섯 명 이상이 들어갈 수 있다. : 역주) 안에서 팝콘을 먹던 일, 더블 데이트를 했던 일, 하와이의 카우아이Kauai 섬에서 비를 맞으며 방수포 아래에서 잠을 잤던 일, 그리고 전미 대학 농구 토너먼트 게임에 출전했던 일들을요. 또 테리Terry를 돌보아 줄 가족이 없었을 때 크리스마스 트리와 조그만 선물을 가져갔던 일을 기억해요. 그녀가 우는 것을 보면서 느꼈던 나눔의 기쁨은 제 기억에 영원히 새겨져 있을 거예요.

아버지, 아버지는 삶 가운데 여러 가지 놀라운 것들을 성취하셨어요. 그러나 나에게 있어서는 아버지가 자신의 자녀들과 참으로 결속된 아버지였다는 사실이 가장 감동이 됩니다. 아버지는 단지 아버지가 되는 것에 관한 책을 쓰신 게 아니라 그대로 사셨습니다. 아버지, 사랑해요!

당신의 최고의 친구, 션Sean

사랑하는 아빠,

나와 내 친구들에게 바나나 스플릿(banana split, 바나나를 메인 재료로 해서 만든 디저트 아이스크림)을 사주기 위해서 아빠가 마차를 타고 초등학교로 나를 데리러 오셨던 날을 절대로 잊을 수 없어요. 마차를 타고 우리가 살던 조그만 도시를 돌았던 독특하고 특별한 느낌을 기억하고 있어요. 아빠의 사랑과 용납을 우리에게 전해 주기 위해 여러 가지 방법으로 애쓰셨던 많은 놀라운 순간들을 기억합니다. 아빠가 항상 나를 사랑하고 자랑스러워 한다는 것을 알고 있어요.

나는 종종 아빠가 가족과 함께하는 모습에 놀라곤 해요. 켈리, 션, 헤더, 그리고 나는 아빠가 할아버지와 가졌던 관계와는 완전히 다른 관계를 맺고 있어요. 이 책의 첫 장에서 아빠는 이렇게 쓰셨지요.

"어린 시절, 나는 아버지의 사랑을 경험하지 못했다. 아버지를 보고 배운 것이 전혀 없었다. 아버지가 나를 데리고 어딘가로 가서 시간을 함께 보낸 기억이 하나도 없다. 아버지를 자랑스럽게 생각하거나 닮고 싶다고 생각한 적이 없다."

이 글을 읽었을 때 마음이 너무 아팠어요. 왜냐하면 아빠가 깨어진 가정에서, 특히 할아버지와의 관계로 인해 경험해야 했던 그 깊은 마음의 상처를 알기 때문이죠. 그러나 나는 이 글을 읽으면서 또한 크게 기뻤어요. 아빠를 통해서 내게 보여 주신 하나님의 은혜로 인해서 이렇게 말할 수 있기 때문에 정말 기뻐요.

"어린 시절, 나는 항상 아버지의 사랑을 경험했다. 아버지의 본을 보면서 끊임없이 배울 수 있었다. 아버지가 나를 데리고 나가 단둘이서 보낸 많은 시간들을 기억한다. 아버지가 자랑스럽고 나의 자녀들을 양육할 때 아버지를 닮고 싶다."

아빠, 당신의 사랑과 용납을 내게 전하려고 애쓰셨던 수많은 시간들에 대해서 감사드려요. 나를 향한 아빠의 무조건적인 사랑은 실패에 대한 두려움 없이 살아갈 수 있도록 내게 자유를 주었어요. 나는 매일 내 힘으로 얻은 것이 아닌, 축복으로 주어진 사랑과 용납을 경험하며 살고 있어요.

아빠가 너무 자랑스러워요. 아빠, 사랑해요. 그리고 아빠의 딸이어서 참 좋아요.

사랑하는 케이티Katie

사랑하는 아빠,

우리가 함께한 날들을 돌이켜보면 아빠가 내게 말씀하셨던 특별한 두 가지가 기억나요. 우리가 아빠와 딸로서 놀라운 관계를 이루어 가는 데 그 두 가지는 중요한 역할을 했어요.

한 번은 아빠가 내게 이렇게 말했어요. "'언제, 어디서든지' 너는 내 무릎에 앉을 수 있어." 아홉 살이었을 때나 스물한 살이 된 지금이나 아빠는 그 약속을 잊지 않고 지켜 주셨어요. 그러나 무릎에 언제든지 앉을 수 있는 것보다 훨씬 더 큰 약속을 오래전에 해주셨지요. 그것은 아빠가 어디에 있든지, 누구와 말하고 있든지 상관없이 언제든지 내가 아빠를 필요로 할 때는 함께해 주겠다는 약속이었어요. 스물한 살이 되어서도 아빠의 무릎에 앉는 것이 필요하다고 생각지는 않으시겠지만 항상 아빠를 필요로 하는 무엇인가가 내 안에 있어요. 나는 아빠를 깊이 사랑하고, 하나님은 내가 맥도웰이 되기 오래전부터 당신이 나의 아빠가 되도록 예정하셨다는 것을 알고 있어요.

두 번째는 이거예요. 내가 열세 살이었을 때 만약 내가 임신을 한다면 어떻게 하실 거냐고 물었던 것을 기억하세요? 그때는 그게 내가 저지를 수 있는 가장 끔찍한 실수라고 생각했거든요. 그러나 아빠는 신속하고 자신 있게 대답해 주셨어요. 어떤 일이 일어나더라도 나를 사랑할 것이고, 어떤 상황에서도 우리는 함께 극복해 나갈 것이라고, 그리고 "그러라고 아빠가 있는 거지."라고 말씀해 주셨어요.

수년 동안 내가 학교와 남자 아이들 문제, 고장난 차와 보고서리포트, 자취방과 룸메이트 때문에 화가 나서 전화할 때마다 아빠는 내게 지혜와 사랑을 주기 원하셨어요. 왜냐하면 그것이 나의 아빠가 존재하는 이유니까요.

아빠를 너무 사랑하고 당신이 나의 아빠가 되게 해주신 하나님께 감사드려요.

사랑하는 헤더Heather(조시 맥도웰이 입양한 막내 딸 : 역주)

차 례

1장
험난한 시대에
아버지가 된다는 것

THE FATHER CONNECTION

내가 첫 아이를 품에 안은 것은 삼십 년도 더 된 일이지만, 그때 밀려왔던 생각과 감정들은 지금도 생생하게 기억한다. 노란색 부드러운 담요에 싸여 있는 첫 딸 켈리의 얼굴을 들여다보면서 아이의 손가락을 세어보고 조그맣지만 완벽하고 정교한 모습에 감탄했다. 아무 힘 없는 존재였지만 너무나도 소중한 그녀는 바로 내 딸이었다.

사랑과 경이로움으로 아이를 바라보면서 마음 속에서 또 다른 감정이 일어났다. 그것은 내가 너무도 잘 알고 있는 감정인, 바로 두려움이었다. "어떻게 해야 하지?" 나는 이렇게 혼잣말을 하고 있었다. "나는 아버지가 될 준비가 전혀 되지 않았어."

어린 시절, 나는 아버지의 사랑을 경험하지 못했다. 아버지를 보고 배운 것이 전혀 없었다. 아버지가 나를 데리고 어딘가로 가서 시간을 함께 보낸 기억이 하나도 없다. 아버지를 자랑스럽게 생각하거나 닮고 싶다고 생각한 적이 없다. 사실, 나는 아버지를 증오했다. 우리 집은 미시간 주State of Michigan 외곽에 있는 작은 마을에서 150에이커 규모의 낙농업 농장을 하고 있었다. 마을 사람들은 서로를 잘 알았다. 물론 아버지가 술주정뱅이라는 사실도 잘 알았다. 나의 십대 시절에 친구들이 아버지에 대해 농담을 할 때면 마음의 아픔을 숨기려고 나도 그들과 함께 웃어대곤 했다.

내가 아버지를 미워했던 것은 아버지로 인한 수치심 때문만이 아니라 어머니를 대하는 태도 때문이기도 했다. 때때로 어머니는 헛간에서 일어설 수 없을 정도로 심하게 맞아 소들 뒤에 있는 거름더미 위에 누워 계시곤 했다. 나는 때로는 인사불성이 되도록 술에 취해 돌아온 아버지를 헛간으로 질질 끌고 가서 마구간에 묶어두고 밤새 거기서 자도록 내버려두었다. 십대였던 나는 아버지가 풀려나기 위해 발버둥을 칠 때 스스로 목이 졸려 질식사하기를 바라면서 아버지의 두 발에 올가미를 채워 목에 걸어두기도 했다. 내가 고등학교를 졸업하던 그 달에 어머니가 돌아가셨을 때 나는 아버지를 비난했다.

내가 그리스도인이 된 후, 하나님의 은혜로 아버지와 화해했을 뿐 아니라 아버지가 심장마비로 돌아가시기 14개월 전에 예수 그리스도를 믿을 수 있도록 도울 수 있었다. 그럼에도 불구하고 나 또한 아버지가 될 준비가 전혀 되어 있지 않았음을 절실히 통감하며 아버지가 되어 있었다.

세상에서 가장 두려운 일

———— 여러분은 아버지와의 관계가 그토록 불행하지는 않았다 할지라도 부모가 된다는 것은 세상에서 가장 두려운 일이라는 내 생각에는 동의할 것이다. 게다가 이 세상에 '아버지 자격증'을 주는 곳은 없다. 아버지가 되기 위한 자격 요건도 거의 없다. 우리 대부분은

시행착오를 통해서, 그것도 대부분은 실수를 통해서 배워야만 한다. 누군가의 관찰에 의하면 대부분의 사람들은 그들의 자녀가 부모가 되기 전에는 진정으로 좋은 부모 역할을 할 수 없다고 한다.

나는 수년 동안 좋은 아버지가 되기를 원하지만 그것을 위해 해야 할 일들에 압도되어 갈등하는 사람들을 지켜보면서 상담해 왔다. 많은 사람들이 결혼과 직장생활 그리고 아버지의 역할 사이에서 어찌할 바를 모르고 허우적거리고 있음을 인정하고 있다. 그들 대부분이 과중한 업무와 그에 따르는 압박감 때문에 덫에 빠진 느낌을 갖는다. 많은 사람들이 좋은 아버지가 되는 실제적인 방법을 알지 못해서 혹은 결혼생활의 어려움 때문에 혹은 자신의 불건전한 삶의 패턴으로 인해 어려움을 느낀다.

우리는 위기에 빠진 문화 속에서 자녀를 양육해야 하는 중대한 과제에 직면해 있다. 한 통계조사에 의하면 미국에서는 매일 다음과 같은 끔찍한 일들이 벌어지고 있다고 한다.

- 1,000명의 십대 소녀들이 미혼모가 된다.
- 1,106명의 십대 소녀들이 낙태를 한다.
- 4,219명의 십대들이 성병에 걸린다.
- 500명의 청소년들이 마약을 사용하기 시작한다.
- 1,000명의 청소년들이 술을 마시기 시작한다.
- 135,000명의 아이들이 총이나 다른 무기들을 학교에 가져간다.
- 3,610명의 십대들이 폭행을 당하고, 80명이 성폭행을 당한다.
- 2,200명의 십대들이 고등학교를 중퇴한다.
- 7명의 아이들10-19세 사이이 살해당한다.
- 7명의 청소년17살 이하들이 살인 혐의로 체포된다.
- 6명의 십대들이 자살을 한다.[1]

---

1) Compiled from figures published by the Children's Defense Fund and the book 13th Generation by Neil Howe and Bill Strauss, and a Fortune magazine special report, "Children in Crisis: The Struggle to Save American's Kids," August 10, 1992.

많은 남자들이 두렵고 떨림으로 아버지로서의 책임을 받아들이는 것은 당연하다. 그러나 아버지가 된다는 것은 세상에서 가장 두려운 일이기도 하지만, 또한 가장 절실하게 필요한 일이기도 하다.

세상에서 가장 중요한 일

──────── 아버지로서의 책임은 너무나 중요하다. 특히 오늘날 이 세대에서는 더욱 그러하다. 자녀와 아버지와의 관계는 성인이 된 자녀의 건강과 성장 그리고 행복에 영향을 미치는 결정적인 요인이다. 다음에 제시되는 연구 결과들이 그것을 뒷받침해 주고 있다.

- 정신 건강 연구소의 로렌 모셴Loren Moshen 박사는 미국 인구조사 자료를 분석한 결과 아버지의 부재가 빈곤보다 범죄에 더 큰 영향을 미치는 요인이라는 것을 발견했다.
- 예일대의 행동주의 과학자들은 전세계의 48개의 문화권에서 청소년 범죄에 대해 연구했고, 어린 시절에 여성에 의해서만 양육되었던 성인들의 범죄율이 가장 높다는 것을 발견했다.
- 마틴 도이치Martin Deutsch 박사는 아버지의 존재와 대화, 특별히 저녁 식사 때 갖는 대화시간은 자녀들이 학교에서 더 높은 성취를 하도록 고무시켜 준다는 것을 발견했다.[2]
- 1948년부터 1964년 사이에 존스홉킨스대학을 졸업했던 1,337명의 의사들의 연구에 의하면, 고혈압, 관동맥성 심장병, 악성 종양, 정신병과 자살의 공통적인 요인은 부모와의 친밀한 관계의 부족이었다.[3]
- 거식증으로 인해 고통을 받았던 39명의 십대 소녀들에 대한 연구에 따르면, 그중 36명이 아버지와의 친밀한 관계의 부족이라는 공통적

*
2) Louis O. Caldwell, When Partners Become Parents (Grand Rapids, MI: Baker Book House, n.d.)
3) Claudia Wallis, "Stress: Can We Cope?" Time (June 6, 1983), pp.48-54.

인 요인을 가지고 있었다.

· 존스홉킨스대학의 연구원들은 "아버지가 없는 가정에서 자란 백인
  십대 소녀들은 부모가 모두 있는 가정에서 자란 아이들보다 혼전 성
  경험을 할 확률이 60%나 높은 것으로 보인다."는 사실을 발견했다.[4]

· 아만드 니콜라이Armand Nicholi's 박사는 그의 연구에서 정서적 혹은 육
  체적인 아버지의 부재는 다음과 같은 아이들의 특징에 원인이 된다
  는 것을 발견했다. 첫째, 성취욕의 부족, 둘째, 나중에 받을 보상을 위
  해 당장의 만족을 보류할 수 있는 능력의 부재, 셋째, 낮은 자존감, 넷
  째, 친구들의 압력과 청소년 범죄에 쉽게 영향을 받음.[5]

수백 명의 아버지와 어머니들 그리고 아이들을 접해 본 결과, 나 또
한 이 결과들에 동의한다. 뿐만 아니라 이러한 결과들은 복음주의 교
회들의 십대들을 대상으로 한 연구결과와도 일치한다.

얼마 전, 나는 복음주의 교회에 속한 3,700명 이상의 십대들을 대상
으로 설문조사를 했다. 이것은 지금까지 복음주의 교회에 속한 십대
들을 대상으로 한 설문조사 중 가장 방대한 규모였다. 바나 리서치 그
룹The Barna Research Group에 의해 분석된 이 자료의 결과는 아버지와 자
녀 사이의 결속의 중요성을 보여 준다.

이 조사에 응한 3,795명 중 82%는 매주 복음주의 교회에 출석하고,
이들 중 86%는 예수 그리스도를 구주와 주님으로 영접했다고 대답했
다. 그러나 이 연구결과는 복음주의 교회 가족에 속한 청소년의 54%
가 그들의 개인적인 관심사에 대해 아버지와 거의 대화하지 않거나 전
혀 대화를 나누지 않는다는 것을 보여 주었다(같은 주제에 대해 어머니와
전혀 혹은 거의 대화를 나누지 않는다는 비율은 26%였다.). 설문에 참여했던

---

4) Kathleen Fury, "Sex and the American Teenager," Ladies' Home Journal (March 1986), p.60.
5) Armand Nicholi, Jr, "Changes in the America Family," White House Paper (October 25, 1984), pp.7-8.

청소년 네 명 중 한 명은 아버지와 의미 있는 대화를 전혀 하지 못한 다고 답했다. 다섯 명 중 두 명 이상42%은 "아버지와 둘이서만" 특별하 게 어떤 일을 해본 적이 전혀 없거나 거의 없다고 답했다. 그리고 다 섯 명 중 한 명은 아버지가 그들에게 전혀 혹은 거의 사랑의 표현을 하 지 않는다고 답했다.[6]

동시에 이 연구는 부모와 매일 친밀한 관계를 맺고 있는 십대들에 대한 연구 결과를 보여 준다.

· 그들은 삶에 매우 만족을 느끼는 것으로 보인다.
· 성관계를 절제하는 확률이 높다.
· 진리와 도덕에 관한 성경적인 기준들을 받아들이는 가능성이 높다.
· 교회를 참석하는 확률이 높다.
· 성경을 지속적으로 읽는 경향이 있다.
· 매일 기도하는 경향이 있다.

기독 청소년뿐 아니라 모든 청소년에 대한 연구에서 "아버지와의 결속"Father Connection이 자녀들의 건강과 성장과 행복에 결정적 요인이 라는 사실이 분명하게 드러나고 있다.

그렇다고 어머니의 역할이 중요하지 않다는 것은 아니다. 이 조사 에서 대부분의 경우, 어머니는 자기의 역할을 감당하고 자녀들을 돌 보며 대화하고, 함께 시간을 보내는 것으로 조사되었다. 그 결과, 아이 들은 어머니를 가까이 할 수 있고, 대화가 통하며 그들을 사랑하고, 용 납해 주는 사람으로 기대하고 있는 것으로 보인다.

그러나 아버지의 경우에는 수요 공급의 법칙이 적용된다. 많은 경우,

---

6) Josh McDowell and Bob Hostetler, Right from Wrong, (Dallas: Word Publishing, 1994), p.255.

아버지는 아이들에게 어머니보다 덜 가깝게 느껴지고 함께하는 시간이 적으며 대화가 부족하다. 아버지의 관심과 시간의 공급이 부족하기 때문에 관계 형성의 중요성이 더 크게 부각되는 것이다. 모든 사람이 그러하듯 아이들 또한 자신이 가지지 못한 것을 소유하기 원하며 대부분의 경우, 아이들은 아버지와의 친밀한 관계를 가지고 있지 못하다. 이것이 바로 아버지와의 관계가 나이에 상관없이 아이들의 삶에서 가장 중요한 요인이 되는 이유이다.

아버지들이여, 당신과 자녀들과의 관계는 아이들이 그 지혜와 키가 자라가며, 하나님과 사람에게 사랑을 받는 데에 결정적인 요소가 된다. 당신은 아이들의 자존감, 다른 사람에 대한 배려, 그리고 인생의 목적의식에 큰 영향을 끼칠 수 있다.

세상에서 가장 보람 있는 일

──────── 아버지에 대한 나의 경험은 내 아버지의 불완전한 본보기에서 시작되었다. 그러나 나는 수년 동안 훌륭한 본이 되는 사람들로부터 많은 것을 알고 배우는 특권을 누렸다. 이 사람들 중에서 내게 가장 큰 영향을 주었던 사람은 아내 도티였다. 그녀는 나에게 최고의 아내이며, 네 자녀에게는 지혜롭고 사랑받는 엄마이다. 딕 데이Dick Day에게서도 많은 것을 배웠는데, 그는 아들 션Sean을 제외하고는 이 세상에서 가장 친한 동성친구이다. 여러 권의 책을 함께 썼던 웨이크필드Norm Wakefield는 그리스도인 아버지로서 훌륭한 본이 되었다.

웨이크필드와 그의 아내 위니는 다섯 자녀를 두었는데 그들은 이제 모두 성인이 되었다. 그의 아들 조엘Joel이 스물네 살이 되었을 때 웨이크필드는 그의 생애에서 가장 보람 있는 일을 경험했다. 그는 그때의 일을 이렇게 말했다.

"조엘의 결혼식은 내게 참으로 특별한 순간이었습니다. 조엘이 베스트 맨(The best man : 신랑 들러리들 중 가장 친한 친구가 맡는 역할―역주)으로 나를 지목했기 때문입니다. 아들 옆에 섰을 때 지나온 많은 시간들이 떠올랐습니다. 조엘이 유치원에 다니고 있을 때 나는 켄터키 주 Commonwealth of Kentucky의 루이스 빌에서 박사과정 중이었습니다. 어느 날, 집에 돌아와보니 조엘이 예기치 않은 사고로 머리를 다친 것을 알게 되었습니다. 조엘을 급히 병원 응급실로 데리고 갔습니다. 의사가 아이를 살피며 검진하는 동안 나는 혼자 두려움에 사로잡혀 아무것도 할 수 없었습니다. 조엘이 나에게 얼마나 소중하고 귀중한 존재인지 깨닫고서 훌쩍거리며 울기 시작했습니다."

잠시 후 웨이크필드는 조엘의 상처가 심각하지 않다는 것을 알게 되었다. 조엘은 얼마 후에 완전히 회복되었다. 웨이크필드는 "그러나 그날 아들이 나에게 얼마나 소중한 존재인지를 알게 되었습니다."라고 말했다.

그 후 이십 년 동안 웨이크필드는 조엘과 다른 네 아이들에게 함께 시간을 같이 보내는 친절하고 좋은 아빠가 되기 위해서 최선을 다했고, 이와 같은 노력의 결과가 조엘의 결혼식을 통해 잘 드러난 것이다. 웨이크필드는 이렇게 말한다.

"내가 사랑하고 존경하는 스물네 살이 된 아들 옆에 섰을 때, 나는 기쁨으로 가득차 있었습니다. 왜냐하면 조엘이 그의 누이들처럼 그리스도를 경외하고 섬기며 살기로 헌신했을 뿐 아니라 그의 아내 리사를 사랑하는 남편이 되기로 작정했기 때문입니다. 나는 진정으로 하나님의 신실하심에 감사했습니다. 하나님께서는 사랑과 즐거움으로 우리의 아이들을 양육하고자 했던 결심을 귀하게 여겨 주셨고, 이런 과정을 통해서 아이들은 우리의 가장 소중한 친구들이 되었습니다."

조엘은 참으로 놀라운 존경심으로 그의 아버지에게 보답했다. 학교 친구나 회사 동료, 혹은 어릴 때부터 사귀어 온 그런 모든 친구들을 제쳐두고 자신의 베스트 맨으로 그의 아버지를 선택했던 것이다.

아버지가 된다는 것은 세상에서 가장 두려운 일일지도 모른다. 그러나 이 일은 남자들이 도전해 볼만한 가장 중요하고 보람된 일이기도 하다. 자신의 부족함이나 결점과는 상관없이 당신은 좋은 아버지가 될 수 있다. 당신을 가로막고 있는 장애물들을 극복할 수 있고, 앞에 놓여 있는 어려움들에 맞설 수 있다. 당신은 당신의 자녀들이 필요로 하는 좋은 아버지가 될 수 있다.

나는 당신이 이 책에서 제시하고 있는 제안들을 시도해 보도록 동기를 부여하고 격려하고 싶다. 아버지로서 전문가인 척하고 싶지는 않다. 나는 시작부터가 좋지 못했다. 나 또한 당신이 가지고 있는 여러 가지 문제들을 인해 몸부림쳐 왔다. 그러나 나는 주변의 사람들로부터 아버지가 되는 것에 대해 많이 배웠다. 나와 아이들과의 관계에서 축복이 되었던 것들이 당신에게도 도움이 되기를 바란다.

이 책을 읽으면서 지금까지 좋은 아버지가 되지 못했다는 사실 때문에 불편한 느낌을 가질 수도 있다. 이는 자연스러운 일이다. 우리 모두는 아버지가 되는 일에 압박감을 느끼며 살고 있고, 또한 발전시켜야 할 영역을 가지고 있다. 그러나 나는 당신이 죄책감에 빠지는 것을 원하지 않는다.

다음의 몇 가지 제안들은 당신이 후회나 자신의 불완전함에 사로잡히지 않도록 도와줄 것이다.

첫째, 아버지가 되는 법을 긍정적이고, 밝은 관점으로 다가가라. 아버지가 된다는 것은 자녀들의 삶에 긍정적이고 아름다운 영향력을 끼침으로 그들의 삶을 풍요하게 할 뿐 아니라 하나님께서 당신을 정신적 · 정서적 · 영적으로 성장시키기 위해 사용하시는 방법이기도 하다.

둘째, 성장을 향해 한 단계씩, 작은 발걸음들을 계속함으로써 이루어지는 평생의 과정으로 보라. 당신이 하지 못한 일로 스트레스를 받지 말고, 오늘 하고자 하는 작지만 새로운 시도들에 초점을 맞추라(각 장 끝에는 몇 가지 질문들과 당신이 우선순위를 정하고 계속해서 앞으로 나아가도록 도와주는 행동지침들을 제시할 것이다.). 얼마 되지 않아 이런 작은 변화들이 당신과 자녀들과의 관계에 얼마나 의미 있는 차이를 만드는지 경험하게 될 것이다. 또한 기억해야 할 것은 우리가 아무리 최선을 다한다 하더라도 우리 대부분은 자신의 부모 역할에 완전한 만족감을 결코 누릴 수 없을 것이라는 사실이다. 따라서 이러한 불만족으로 인해 낙담하거나 우울해 하지 말고, 이것을 성장의 기회로 만들기 위해서 의식적으로 노력하라.

셋째, 아버지로서의 특권과 책임에 자신을 헌신하기로 결심하라. 시편 기자는 우리가 직면한 도전에 건전한 관점을 제시해 주고 있다.

"보라 자식들은 여호와의 기업이요 태의 열매는 그의 상급이로다."^{시 127:3}

우리들에게 자녀들이 정말로 하나님으로부터 받은 '상급'인지 의문이 가는 순간들도 있는 것이 사실이다. 그러나 전능하신 하나님께서 우리로 하여금 젊은이들이 책임 있고, 가치 있는 성인의 삶을 살도록 준비시키는 일을 맡겨 주셨다고 생각할 때 그 사명은 영원한 가치가 있다. 아버지가 된다는 것은 진실로 우리가 너무나 소중히 여기고 사랑하는 사람들에게 우리의 삶을 쏟아 부을 수 있는, 하나님께서 우리에게 주신 최고의 기회이며 특권이다.

우리가 함께 이 여정을 시작하면서 나와 함께 헌신을 다짐하기를 원한다. 그 길이 힘들다 할지라도, 자녀들이 아무런 반응을 보이지 않는다 할지라도, 혹은 그 길이 미래에 원치 않는 결과를 가져온다 할지라도 성실하게 사랑하며 함께 시간을 같이하고 대화하는 아버지가 되기 위해서 아버지로서의 책임과 특권에 우리 자신을 헌신하자는 것이다.

이후의 장들에서는 당신이 되고 싶은 아버지, 자녀들이 필요로 하는 아버지, 하나님께서 부르신 아버지가 되도록 도와주는 열 가지 자질들에 대해 나눌 것이다. 당신은 아버지 됨에 있어 완전히 새로운 통찰력과 힘의 근원을 발견하게 될 것이며, 아버지로서의 역할과 책임을 신선하고 새로운 측면에서 보게 해줄 것이다. 그리고 하나님 아버지와의 결속을 경험하게 되면서 이 세상에서 가장 보람 있는 일에 대한 보상을 받게 될 것이다.

어머니들을 위한 조언

──────── 많은 어머니들이 이 책을 읽을 것이라고 생각한다. 정말 좋은 일이다. 여러분은 좋은 아버지가 되는 것에 대한 가치 있는 통찰력을 얻게 될 것이다. 그러나 거기서 멈추지 말고, 주도권을 가지고 남편이 이 책을 읽도록 권하고, 남편이 이 책을 읽는 동안 격려해 주라.

아버지를 위해 이 책을 썼다고 해서 자녀 양육에서 어머니의 역할의 중요성을 과소평가하는 것은 아니다. 아버지와 어머니는 함께 자녀 양육에 힘쓰는 하나의 팀이라고 확신한다. 그러나 불행하게도 너무나 많은 아버지들이 부모로서 그들의 책임을 다하지 않고 있다. 너무나 많은 남자들이 어머니에게 양육의 책임을 맡기고, 아이들의 삶에 능동적으로 참여하지 않는다. 그래서 나는 우리 아버지들이 하나님이 맡기신 역할을 이해하고 우리의 아내들과 참된 팀 동료가 되어서 함께 자녀들을 사랑하고 교훈하고 이끌어 주며 그들을 소중히 여기도록 돕기 위해 이 책을 썼다.

만약 싱글맘single mom이라면, 아버지의 부재가 아이들에게 육체적·정서적으로 또는 두 가지 면 모두에 끼칠 수 있는 영향에 대해 염려하게 될 것이다. 할 수 있다면 아이들의 아버지와 함께 이 책에 대해서 이야기를 나누라. 자녀들의 행복을 위해 당신의 전前남편이 아버지로서 그가 할 수 있는 최선을 다하도록 도우라. 그것이 모두를 위해서 가장 좋은 일이고, 당신의 자녀들은 이 일로 인해 당신을 사랑하게 될 것이다.

아이들의 아버지가 근처에 살지 않거나 혹은 아버지로서 부적합한 사람이라면 아이들에게 남자로서 긍정적인 본을 보여 줄 수 있는 성숙하고 경건한 사람을 교회에서 찾아보라. 어쩌면 그는 가족 소풍에 당신의 아이를 기꺼이 데려갈 수도 있고, 당신의 아이들과 친구가 되거나 대화하기 위해서 특별한 노력을 기울일 것이다.

당신은 이 책을 읽으면서 아버지의 존재가 아이들의 삶에 얼마나 큰 영향을 끼치는지를 알게 될 것이다. 아버지가 부재인 가정이 있다면 아이들에게 남자로서 긍정적인 역할을 해줄 수 있는 친구를 찾아서 아버지의 비어 있는 자리를 채울 수 있도록 노력하는 것이 좋을 것이다.

모든 어머니들에게 하고 싶은 말은 아이들이 아버지를 보는 관점은 그 어떤 것보다도 어머니에 의해서 결정된다는 것이다. 당신에게는 아버지가 아이들을 위해 노력할 때 그를 지지해 줄 수도 있고, 평가절하해서 아이들의 눈에 무능한 사람처럼 보이게 할 수도 있는 큰 힘이 주어졌다. 당신의 남편이 아버지 역할을 잘하기 위해서 노력할 때 그를 격려하라. 그에게는 당신의 격려가 필요하다. 남편에게나 아이들에게나 말로 격려하라. 남편이 잘못한 것이나 혹은 행하지 않는 것에 대해 사랑하는 마음으로 대화를 나누라.

어머니여, 당신은 진정으로 중요한 사람이다. 하나님께서 원하시는 아버지가 되도록 하나님과 동역을 이루는 당신의 수고에 기도로 함께하겠다.

묵상, 토의 그리고 실천을 위한 질문들

1. 당신은 가정에 있을 때 아이들에게 주의를 집중하는 아버지 인가? 아니면 일이나 다른 것들에 대한 생각으로 사로잡히는 경향이 있는가?

_____

_____

2. 부모의 역할에 있어서 당신에게 부족한 점이 무엇이라고 생각하는가? 마땅히 당신이 해야 할 책임임에도 불구하고 아이들의 엄마나 선생님 혹은 교회의 청소년 사역자들에게 떠넘겼던 중요한 일이 있다면 어떤 일인가?

_____

_____

3. 이 장에서 인용된 설문조사의 결과들이 놀라운가? 그 이유는 무엇인가?

_____

_____

4. 당신의 아이들은 진리와 도덕적 가치들에 대해서 주로 누구에게 배웠다고 말할 것 같은가?

_____

_____

5. 아버지와의 관계는 아이들의 건강한 성장에 매우 중요하다. 당신의 자녀들은 당신과 친밀한 관계를 누리고 있는가? 그렇다면 혹은 그렇지 않다면 그 이유는 무엇인가?

_____

_____

*6. 그리스도인 아버지로서의 특권과 책임들에 전심을 기울이라. 손에 펜을 들고 중요한 내용들과 적용점에 밑줄을 그으면서 이 책을 공부하라. 이 책에 나온 원리들을 함께 공부하고 토의하기 위해서 헌신된 아버지들과 소그룹을 만드는 것도 고려해 보라.

*7. 1장에서 당신이 배웠던 것 중에서 가장 중요한 것은 무엇인가?

_____

_____

*8. 나의 아이들과 함께 내가 지금 시작해야 할 것은 무엇인가?

_____

_____

※각 장의 끝에 나는 당신이 그 장에서 배운 원리들을 실천하도록 돕기 위해서 몇 가지 질문들과 적용점들을 제시해 두었다. 묵상할 시간이 충분히 있거나 혹은 다른 아버지들과 그룹으로 이 책을 공부하고 있다면 정직하게 각각의 질문들을 전부 다룰 수 있도록 시간을 가질 것을 적극 추천하는 바이다. 그러나 시간이 없다면 *표시된 문제만이라도 해보기를 바란다.

2장
하나님 아버지와의
결속

THE FATHER CONNECTION

당신이 평범한 남성이라면 비록 아버지에 대해 부정적이고 나쁜 기억들을 가졌다고 하더라도 이상적인 아버지 상이 있을 것이다. 대충 그려진 것이라 할지라도 당신의 마음에는 참된 아버지는 어떠해야 한다는 그림이 있을 것이다.

· 사랑과 용납을 받고 있다는 확신과 안정감을 누리는 자녀들의 아버지
· 혼전 순결을 지키고 남편과 아내에게 신실함을 지키는 자녀들의 아버지
· 정직하고, 윤리적이며, 근면한 인격을 키워가므로 칭찬받는 자녀들의 아버지
· "우리 아버지는 약속을 지키시는 분"이라고 자녀들이 말할 수 있는 아버지
· 또래 집단의 건전하지 않은 압력에 굴하지 않고 친구들과 우정을 나누며, 또래 집단으로부터 존경과 칭찬을 받는 자녀들의 아버지
· 마약이나 알코올 남용 그리고 위험한 행동들에 대해서 노No라고 말할 수 있는 자녀들의 아버지
· 성장한 딸이 "아빠, 내가 필요할 때 그 자리에 있어줘서 감사해요."라고 쓴 카드를 보낼 수 있고, 아들이 그의 결혼식에서 베스트 맨으로 요청할 수 있는 아버지
· 아들이 곁에 와서 앉으면서 "아빠, 지금 이런 문제로 고민을 하고 있어요. 아빠의 의견을 듣고 싶어요."라고 말할 수 있는 아버지

- 즉시 자신의 죄와 잘못들을 인정할 뿐 아니라 다른 사람들의 잘못을 용서해 주고 인내하며 건강한 자아상과 자신감을 가진 자녀들의 아버지
- "난 우리 아빠같이 내가 사모하고, 존경할 수 있는 남자와 결혼하고 싶어." 라고 친구에게 말하는 딸을 가진 아버지

우리는 모두 이런 아버지가 되고 싶을 것이다. 내가 젊었을 때 되고 싶었던 아버지의 모습이기도 하다. 그러나 나는 어떻게 해야 그와 같은 아버지가 될 수 있는지 알지 못했다. 내가 자라면서 본 아버지는 이들 중 어느 하나에도 해당되지 않았다. 나는 내가 원하는 아버지의 모습이 아니라 내 아버지를 닮을까봐 두려웠다. 내게 필요한 한 가지는 그대로 따라할 수 있고, 배우고 본받을 수 있는 아버지의 모델이었다. 그래서 주위에서 내가 되고 싶은 아버지의 모습을 가진 사람을 찾기 시작했고, 결국은 몇 사람들을 찾을 수 있었다.

아버지의 모델을 찾다

──────── 아버지에 대해 내게 처음으로 가장 긍정적인 모델이 된 사람은 앞서 언급했던 딕 데이였다. 1960년대에 신학교에서 공부하는 동안 딕 데이를 만났다. 딕은 나보다 나이가 많았고, 이미 결혼해서 네 명의 자녀가 있었다. 딕은 나처럼 아버지가 알코올 중독자였고, 역기능 가정에서 성장했다. 그는 이십대 후반에 예수님을 영접했고, 하나님의 부르심을 좇아 신학교에 오게 되었다.

우리는 신학교에서 수강 신청을 하면서 만났고, 마음이 맞아서 친한 친구가 되었다. 얼마 지나지 않아 나는 사실상 딕의 가족처럼 되었

고, 때로 생각하고 있는 것을 이야기하고 싶으면 기다리지 못하고 새
벽 6시 30분이든 밤 11시 이후든 그의 집을 찾곤 했다. 딕은 인내심이
많고, 친절하며, 사람들을 사랑하는, 내가 자라면서 거의 볼 수 없었던
품성들을 가진 사람이었다.

나는 딕과 그의 아내 샬롯이 서로를 위하고 자녀들을 대하는 태도
에 감동을 받았다. 그들은 자녀들과 풍성하고 친밀한 관계를 맺고 있
었다. 서로 미소 짓고, 소리 내어 웃으며 안아 주고, 기쁨을 나누는 모
습이 내게는 너무 놀라웠다(사실 나는 딕의 가족들과 어울리면서 포용하는
것을 배웠다고 할 수 있다.). 나는 딕에게서 언젠가 내가 되고 싶은 아버
지의 모습을 보았다. 내가 되고 싶었던 분명하고 구체적인 아버지의
모델을 본 것이다.

후에 딕과 내가 대학생 선교회Campus Crusade for Christ 간사를 지원했
을 때, 우리는 서로 다른 부서에서 사역을 했다. 나는 미국과 캐나다
의 캠퍼스를 순회하면서 강연하기 시작했고, 이때 아내 도티를 만났
다. 우리가 데이트를 시작했을 때 도티는 자신의 가족에 대해 자주 이
야기했고, 부모와 형제들이 자신에게 얼마나 중요한 존재인지를 이야
기할 때 흥미를 갖게 되었다. 몇 달 후 크리스마스 휴가 때 나는 도티
의 가족을 만났다.

도티와 교제하는 동안 나는 도티와 도티의 아버지 중 누구에게 더
끌렸는지 말하기 어려울 정도였다. 나는 도티가 왜 그렇게 그녀의 아
버지를 존경하는지 이해하기 시작했다. 그녀의 아버지는 세속적이지
않았고, 전통적인 관점을 가진 분이었으나 어떤 면에서는 다소 엄격한
분이었다. 그녀는 그런 아버지를 사랑하고 존경했다.

그를 알아가면서 사랑하는 남편이 되고 아버지가 되는 것이 무엇을

의미하는지를 깨달았다. 나는 자녀로부터 사랑과 존경을 받고, 신뢰할 수 있으며, 자녀들이 훌륭하게 자라서 아버지와 사랑과 우정을 나누는 그런 아버지를 보았다.

수년 동안 이런 사람들과 만나면서 내가 되기를 원하는 아버지의 모습이 어떠해야 하는지 배울 수 있었다. 그들은 내가 찾고 있었고, 언젠가 내 가족들에게 보여 주기를 원했던 아버지의 자질들을 보여 주었다. 나는 그들의 본을 통해 헤아릴 수 없을 정도로 많은 도움을 받았다. 그러나 수년 후, 나는 내가 되고 싶은 아버지가 되는 더 좋은 방법과 더 좋은 모델을 알게 되었다.

참된 아버지의 모델

———————— 1장에서 언급했던 친구 웨이크필드는 아버지의 역할에 대해 중요하고 강렬한 깨달음을 얻도록 나를 도왔던 사람들 중 하나였다. 웨이크필드의 어린 시절과 십대 때의 경험들은 나와는 달랐지만, 그 또한 아버지로서의 건강한 모델을 세우기 위해 노력하고 있었다. 웨이크필드는 이렇게 설명한다.

나는 중년에 이르러서야 아버지와 따뜻하고 친밀한 관계를 갖는 것이 가능했습니다. 우리 아버지의 일생은 압박감과 실망들로 가득차 있었습니다. 아버지는 아이들을 좋아하지 않았고 그래서 우리는 그에게 다가가기가 어려웠습니다.
그리스도를 믿게 된 것은 열두 살 때로 기억되는데, 가족 중에서는 처음으로 그리스도인이 되었습니다. 그러나 나를 향한 하나님 아버지의 사랑을 알아가기 시작했을 때 육신의 아버지의 모습이 겹쳐지는 것은 어쩔 수가 없었습니다. 아버지는 나에 대해서 결코 만족하지 못했기 때문에 나는 하나님도 그러실 것이라고 생각했습니다. "웨이크필드, 너는 왜 정리정돈을 못해? 내가 얼마나 참아야 하니? 정신 차리는 게 좋을 거야. 그렇지 않으면…."이라고 하나님도 말씀하실 것 같았습니다.

하나님의 사랑에 대한 나의 오해는 제쳐두더라도 이러한 생각들이 십대였던 나의 자아상에 어떠한 영향을 미쳤는지 상상할 수 있을 것입니다. 아이들이 자신의 아버지가 대하는 것처럼 하나님도 그들을 대할 것이라고 생각하는 것은 지극히 상식적입니다. 만약 아버지가 사랑과 따뜻함으로 아이들을 돌본다면 하나님도 사랑과 따뜻함으로 자신들을 돌보시는 분으로 상상하기 쉽습니다. 그러나 아버지가 자신들에 대해 냉담하고 거리감이 있으며 '더 중요한 것들'에 열중한다고 생각한다면 하나님도 다가가기 어렵고 그들 개개인에게 관심이 없는 분으로 느낄 가능성이 높습니다.

나는 사십대가 될 때까지 하나님에 대해 이 같은 오해를 가지고 있었습니다. 그러다 내 삶에 일어난 한 사건으로 인해 하나님과의 관계가 완전히 변화되었습니다. 하나님께서 나를 사랑하시고 돌보시며 얼마나 나에게 관심을 갖고 계시는지를 알게 되었습니다. 매우 흥미롭게도 이 사건을 통해서 나와 아버지 사이의 벽이 무너졌고, 우리 두 사람은 이전보다 훨씬 더 가까운 사이가 되었습니다.

하나님의 성품에 대해 새롭게 알아가기 위해서 손에 펜을 들고 시편을 읽으면서 여호와를 언급하는 구절마다 표시를 했습니다. 이 구절들을 공부하면서 거의 모든 구절들이 직접적으로나 간접적으로 '하나님 우리 아버지'에 대해서 묘사하고 있는 것을 알 수 있었습니다. 나는 곧 하나님의 속성들로 가득찬 노트를 갖게 되었고, 우리 모두가 '이상적인 아버지'로 여길 수 있는 윤곽이 드러났습니다.

내가 내린 결론은 이것입니다. 하나님 우리 아버지로부터 발견할 수 있는 아버지의 기본적인 자질들은 하나님께서 오늘날의 그리스도인 아버지들에게서 이루고자 하시는 자질들입니다. 나는 하나님 아버지가 직접 역할 모델이 되시는 '아버지에 대한 신학'을 세울 수 있었습니다.

그렇다. 하나님이 아버지의 모델이시다. 참된 아버지의 모델을 찾고 있을 때, 아버지의 최고의 본이 되는 두 사람을 만날 수 있었던 것은 나에게는 행운이었다. 그러나 웨이크필드는 가장 위대한 모델이며 좋은 아버지의 원형이며 표준이 되시는 그분을 내가 간과하고 있다는 것을 보게 해주었다. 내가 되고 싶었던 아버지에 대한 모습은 실제로는 모든 선한 것들의 근원이 되시는 하나님 아버지의 모습이었다.^{약 1:17}

성경은 "우리에게는 한 하나님 곧 아버지가 계시니 만물이 그에게서 났고"^{고전 8:6}라고 했다. 그분은 첫 번째 사람인 아담을 지으셔서 생기를 불어 넣으셨고, 아담은 첫 번째 "하나님의 아들"^{눅 3:38}이 되었다. 그때부터 우리 각 사람은 우리의 아버지이시고 우리를 만드시고 세우신 창조주의 형상을 따라 지음을 받았다.^{신 32:6} 하나님은 처음부터 우리 개개인과 아버지와 자녀의 관계를 맺고자 하셨을 뿐 아니라 건강한 아버지로서의 모델이 되어 주셨다.

하나님은 우리로 하여금 '아빠'라는 말의 아람어인 '아바'^{abba, 롬 8:15, 갈 4:6}로 부르게 하신 다정한 아버지이시다. 또한 "하늘에 계신 우리 아버지"^{마 6:9}에게 담대하게 나아오도록 명하시는, 우리의 말을 들으시는 아버지이시다. 그는 예수 그리스도가 세례를 받을 때 "이는 내 사랑하는 아들이요 내 기뻐하는 자라."^{마 3:17}고 하늘로부터 말씀하심으로 아낌없는 사랑을 강력하게 보여 주신 사랑하는 아버지이시다. 그는 그의 자녀들에게 모든 좋은 선물을 주시는 아버지이시다.^{마 7:11} 그는 만유의 아버지^{엡 4:6}이시며, 선하고 도덕적이고 본받을 만한 가치가 있는 모든 것들의 근원이 되신다.

그러므로 선하고 영향력 있는 아버지가 되기를 원한다면 하나님 아버지가 최고의 본이며 표준이시다. 하나님의 성품은 내가 오랫동안 갈

망했지만 내 아버지에게서 찾지 못했던 모습이었다. 내가 딕 데이나 도티의 아버지에게 그토록 끌렸던 것은 그들의 삶이 하나님 아버지의 속성들을 반영하고 있었기 때문이다. 내가 내 아이들에게 보여 주기 원하는 모습 또한 하나님 아버지를 닮은 모습이다.

이러한 이해와 깨달음이 나를 변화시켰고 힘을 가져다 주었다. 나는 더 이상 내 아버지 때문에 불구가 된 것 같은 느낌을 갖지 않았다. 더 이상 본받아야 할 모델을 찾지 않아도 되었다(나는 여전히 그들의 본과 성공을 통해 유익을 얻고 있다.). 내가 되어야 할 아버지가 어떤 모습인지에 대한 명확한 그림을 그리기 위해 더 이상 애쓸 필요가 없었다.

공급자 되시는 하나님 아버지

──────── 이 같은 깨달음이 나를 변화시켰지만 나는 여전히 더 많이 배워야만 했다. 그때 이후로 나는 하나님 아버지의 성품에 대해서 더 많이 알아가기로 작정하고 발견을 위한 아주 신나는 모험을 시작했다. 그 과정에서 얻은 지식을 통해 하나님에 대한 이해가 더 깊어졌을 뿐 아니라 아버지로서 알아야 하고 갖추어야 할 것이 무엇인지도 알게 되었다. 하나님과 나의 결속이 강해질수록 나와 아이들과의 결속도 강해졌고, 그들과의 관계 및 의사소통 또한 더욱 효과적으로 할 수 있었다.

이 두 가지 결속하나님 아버지와의 결속, 자녀와의 결속의 핵심은 하나님 아버지가 이상적인 아버지로서의 본이 되실 뿐 아니라 당신이 되고 싶은 아버지가 되기 위해 없어서는 안 될 자원이 되신다는 깨달음이다. 하나님 아버지와의 결속은 단순한 모방이나 흉내가 아니다. 그것은 연합이다. 그것은 '어떻게'를 아는 문제가 아니라 '그분이 누구신지'를 알아가는 문제이다. 하나님 아버지와의 결속은 아버지 역할에 대한 새로운 원칙을 제시하는 것이 아니다. 당신이 좋은 아버지가 되기 위해 무엇을 해야 하는지 말해 주면서 '해야 할 일'의 목록을 추가하는 책들은 많이 있다. 이 책은 '관계'에 대한 책이다. 당신이 이 관계를 아버지의 역할에 적용한다면 당신 자신과 당신의 자녀와 그리고 당신의 미래를 변화시킬 수 있다.

나는 나의 네 자녀들과의 관계가 더 친밀해질수록 아이들이 동료집단의 압력에 대항할 수 있고, 더 지혜로운 결정들을 내리며, 아버지가 바라는 것들을 존중하고, 아버지가 정한 규칙에 순종하는 것을 알게 되었다. 매일 새롭고도 견고한 아버지와의 관계는 자녀들에게 건강하고 행복하고 경건한 삶들을 살고자 하는 의지와 그렇게 살 수 있는 능력을 갖게 해준다. 부모와의 관계에서 안전과 만족감을 누리게 되면 아이들은 학교나 친구들과 함께 있을 때 부딪치는 유혹이나 어려움을 이겨낼 수 있는 힘을 가지게 된다.

하나님 아버지와의 관계에서 이러한 일들은 훨씬 더 깊은 차원에서 일어난다. 하나님과의 관계가 친밀해지고 매일 새로워질수록 나는 더욱 더 좋은 아버지가 되려고 할 뿐 아니라 성령을 통하여 내 안에 그가 거하심으로 말미암아 그러한 능력을 얻게 된다. 이처럼 하나님은 아버지 역할의 본이 되실 뿐 아니라 나의 공급자가 되신다.

시편 28편 7절을 이렇게 의역해 볼 수 있다.

"하나님은 아버지인 나에게 힘이 되시고 방패가 되신다 내 마음이 그를 의지함으로 도움을 얻었도다."

하나님과 결속을 맺으라

──────── 내 친구 봅Bob이 고등학교 시절 학교 방송반에서 디스크 자키disk jockey를 할 때 경험했던 이야기를 들려 주었다. 방송반은 여름 내내 활동을 했는데, 봅은 매일 7시 30분경 송신기의 스위치를 켜는 일로 시작했다(이 거대한 송신기는 상업 방송국에서 사용하던 것으로 근처의 송신탑까지 라디오 신호를 전송했고, 반경 8-10마일까지 전파를 발사할 수 있었다.). 스위치를 올리고 잠깐 있어야 송신기가 작동되었고, 봅은 8시에 네 시간짜리 프로그램을 시작했다.

특별히 이날 아침, 봅은 다른 날과 달리 감이 좋았다. 그가 선택한 음악들은 마치 영감을 받은 듯했다. 한 곡이 끝나고 다음 곡으로 이어지는 연결 과정은 예술적으로 이루어졌다. 노래와 노래 사이의 멘트는 재치와 기지가 넘쳤다. 시간마다 해야 하는 송신기의 계기판 점검을 위해 기록용지를 집어 들기까지 그는 자신감을 느끼면서 조금 잘난 체하기까지 했다. 그런데 송신기 계기판이 움직이지 않고 있었다. 봅은 계기판을 두드려보고 연결선을 흔들어보았다. 그런 다음 벽 쪽을 보았다. 커다란 전기 플러그가 소켓socket에서 빠져서 덜렁거리고 있었다. 어떤 이유인지 모르지만 그 플러그는 소켓으로부터 빠져서 오전 내내 연결이 되어 있지 않았던 것이다. 봅의 예리하고 재치 있는 진행을 들은 사람은 단 한 사람, 바로 자신뿐이었다. 그 송신기에 전원이 연결되지 않았기 때문이다.

이후의 장Chapter들에서는 모든 그리스도인의 능력의 근원이 되시는 하나님 아버지의 열 가지 성품에 초점을 맞출 것이다. 이 성품들은 하나님과 그의 자녀들 사이의 관계성을 보여 주고, 당신에게 아버지로서의 역할과 사명에 대한 본을 제시한다. 각 장은 하나님 아버지의 특정한 속성을 드러낼 뿐 아니라 성령의 도우심으로 당신의 개인적인 삶과 가족에게 하나님의 성품들을 적용하고 키워나갈 수 있도록 도울 것이다.

당신이 나와 함께 자녀들에게 하나님 아버지의 성품을 드러내는 본이 되도록 헌신하기를 바란다. 이에 요구되는 모든 시간과 노력들이 결코 헛되지 않을 것을 확신한다. 이러한 헌신으로 당신은 자녀들에게 아버지 되신 하나님을 보여 주는 아름다운 그림이 될 수 있을 것이다. 뿐만 아니라 당신은 자녀들에게 사랑과 존경을 받을 만한 아버지, 자녀들이 신뢰하는 아버지, 자녀들과 함께하는 시간을 진심으로 즐기는 아버지, 그들을 자랑스러워하며 그들과 우정을 쌓아가는 아버지가 될 것이다.

묵상, 토의 그리고 실천을 위한 질문들

1. 당신은 어떤 아버지가 되기를 원하는가? 잠시 생각해 보라. 그후 충분한 시간을 가지고 아버지로서 갖는 당신의 소망과 목표들을 아래 빈칸에 채워 넣으라.

· 나는 이런 아버지가 되고 싶다.
_____
_____

· 나는 이런 아버지가 되고 싶다.
_____
_____

· 나는 이런 아버지가 되고 싶다.
_____
_____

· 나는 이런 아버지가 되고 싶다.
_____
_____

· 나는 이런 아버지가 되고 싶다.
_____
_____

2. 당신에게 아버지로서 가장 긍정적인 본을 보인 사람은 누구였는가? 그 사람들의 이름을 아래에 적고 각 사람 이름 옆에 그들의 모범을 통해 무엇을 배웠는지 적어보라.

_____

_____

*3. 당신은 어떻게 하나님 아버지와의 관계를 발전시켜 나갈 수 있는가? 적용할 항목에 체크해 보라.

- ☐ 정기적으로 기도와 성경 읽기를 위한 시간을 갖기 시작한다.
- ☐ 정기적인 기도 시간을 가지고 성경 읽기를 다시 시작한다.
- ☐ 정기적인 기도 시간을 가지고 성경 읽기를 계속한다.
- ☐ 함께 예배하고 교제하기 위해 하나님을 사랑하는 다른 사람들과 정기적으로 모임을 갖는다.
- ☐ 기도 모임, 성경 공부 모임 또는 서로 신뢰하고 지지할 수 있는 소그룹에 참여한다.

4. 위의 항목들을 실천하고 있지 않다면 신뢰하고 서로 지지할 수 있는 두세 명의 다른 아버지들을 찾으라. 함께 이 책을 공부하면서 각각의 질문들에 답하고 실천하라. 탁월한 아버지가 되기 위해서 서로를 위해 기도하고 격려하라.

3장

내가 닮고 싶은 아버지의 성품

무조건적으로 사랑하고
용납해 주는 아버지

THE FATHER CONNECTION

3장

내가
닮고 싶은
아버지의
성품
–
무조건적으로
사랑하고
용납해 주는
아버지

*

45

여러 해 전 애리조나의 피닉스에 있는 한 고등학교에서 강연을 하게 되었다. 일정과 장소 문제 때문에 전교생을 대상으로 한 번에 강연해야 했다. 전교생을 수용하기에는 학교 강당이 좁았기 때문에 강연은 야외에서 개최되었다. 약 천 명의 학생들은 잔디밭에 앉아 있었고, 나는 강연을 하기 위해 큰 바위 위에 올라섰다.

강연을 막 시작했을 때 스포츠형 머리를 기이한 색으로 염색하고 긴 체인 목걸이를 한 펑크록 그룹이 내가 서 있는 60미터 전방까지 걸어나왔다. 몇 명의 선생님과 다른 학생들은 강연을 방해할까봐 염려하는 눈으로 이들을 계속 주시하고 있었다. 그러나 나는 강연을 계속했고, 아무런 문제없이 강연을 마칠 수 있었다.

그러나 내가 바위에서 내려오자마자 펑크록 그룹의 리더로 보이는 청년이 뛰어나와 바로 한치 발 앞에 선 채로 꼼짝도 하지 않았다. 학생들 사이에 긴장감이 고조되었고, 천여 명의 눈동자가 나와 그 청년에게 고정되었다.

그러나 대부분의 학생들은 그 청년의 얼굴에 흘러내리는 눈물을 볼 수 없었고, 나에게 자기를 껴안아 달라고 하는 말소리도 들을 수 없었다. 내가 팔을 벌려 그 청년을 껴안았을 때 학생들 사이에서 웅성거리는 소리가 들려왔다. 그는 내 어깨에 얼굴을 묻은 채 목놓아 울었다. 나는 펑크 록커에게는 긴 시간이었을 거의 일 분여 동안 그를 안아 주었고, 그는 마침내 내 품에서 벗어나며 눈물 섞인 목소리로 이렇게 말했다. "아버지는 한 번도 나를 이렇게 안아 준 적도 없고 '사랑한다.'고 말해 준 적도 없어요." 그 청년은 아버지의 사랑에 목말라서 그렇게 소리 높여 울었던 것이다. 그는 오직 아버지만이 그에게 줄 수 있는 사랑과 용납을 경험하기를 원했다. 그의 요란한 겉모습과 과격한 행동들은 그의 아버지로부터 받을 수 없었던 그 무엇, 바로 관심을 얻기 위한 울부짖음이었던 것이다.

아이들에게 가장 기본적으로 필요한 것

───────── 나는 그 비슷한 수백 수천 가지의 이야기를 듣거나 목격했다. 자신의 자녀들을 향해 사랑과 용납을 표현하지 않거나 그럴 수 없는 아버지로 인해 젊은 청년들이 얼마나 아파하고 절망하는지를 보았다.

한 번은 버지니아 주의 한 농장에서 대규모의 야외 음악축제 및 강습 수련회인 피시넷fishnet이 개최되었는데 그곳에서 수많은 십대들에게 강연을 하게 되었다.

어느 날 아침, 혼전 순결의 중요성에 대해 강연하면서 약 12,000명의 청소년들을 향해 그들은 매우 특별하며, 측량할 수 없을 만큼 가치

3장
내가
닮고 싶은
아버지의
성품
–
무조건적으로
사랑하고
용납해 주는
아버지

*

47

있는 존재라는 것을 잊지 말라고 했다. 정말로 그들을 사랑하는 사람이라면 그들의 소중한 가치를 알고 결혼할 때까지 기다리며 순결을 지켜 줌으로써 존중해 줄 것이라고 했다.

강연이 끝난 후 열두 살쯤 되어 보이는 한 금발의 소녀가 나를 따라왔다. 멈추어 서서 "내게 할 이야기가 있니?"라고 물었다. 그 소녀는 다소 수줍어하면서 말했다. "정말 내가 특별한 존재라고 생각하세요?" "그럼, 당연하지!" 나는 확고하게 대답했다. "하나님이 너를 특별한 존재로 만드셨어. 그것을 결코 잊지 마." 나는 조심스럽게 그 소녀의 어깨에 팔을 얹고 아버지처럼 부드럽게 안아 주었다. 그러자 그 소녀는 갑자기 울음을 터뜨리며 말했다.

"아빠가 나를 이렇게 안아 주기를 얼마나 기다렸는지 모르실 거예요. 엄마 아빠는 5년 전에 이혼했고, 아빠는 한 번도 나를 안아 주거나 내가 특별한 존재라고 말해 준 적이 없어요."

5일 후에 내가 공항으로 떠날 때 경비원이 한 소녀가 전해 달라고 그에게 맡긴 쪽지를 건네 주었다. 꼭꼭 접은 쪽지에는 빨간색으로 이렇게 네 단어가 적혀 있었다.

"나를 사랑해 주셔서 감사합니다, 코린."Thank you for loving me, Koreen.

그 어린 소녀도 오직 아버지만이 줄 수 있는, 또한 이전에 결코 받아 보지 못한 그러한 사랑과 용납을 갈망하며 그렇게 울고 말았던 것이다.

코린과 같은 아이들이 너무나 많다는 것을 알게 되면서 내 마음이 얼마나 아팠는지 모른다.

수많은 젊은이들이 나에게 이렇게 말한다.

"우리 아버지는 한 번도 나에게 애정을 표현한 적이 없어요." "우리 아버지는 내가 무언가 잘못했을 때에만 내게 신경을 쓰신답니다."

나는 아버지들이 아들이나 딸들에게 "바보 같은 자식, 멍청한 놈." 혹은 이보다 더 심한 욕을 하는 것을 들었다. 야구장이나 농구 코트에 뛰고 있는 자녀들을 향해 야유하며 소리 지르는 아버지들도 보았다. 식사 시간 내내 자기 아들에게 한 번도 말을 걸지 않거나 대화에 끼워 주지 않는 아버지들과 함께 저녁 식사를 하기도 했다.

어떤 아버지들은 딸과 함께 보내는 시간은 거의 없으면서 옷차림이나 데이트 상대에 대해서는 비판한다. 심지어는 자녀가 들을 수 있을 만큼 가까이 있을 때에도 자녀들의 잘못과 단점들을 다른 사람들에게 적나라하게 말하는 아버지들도 있다. 불행하게도 이런 아버지들의 행동으로 인해 자녀들의 마음이 정서적으로 황폐해지는 것을 보았다.

아이들은 나이에 상관없이 마음 속 깊은 곳으로부터 자신을 중요한 존재라고 느끼며 사랑받고 용납받기 원하는 필요들을 가지고 있다. 하나님께서는 이런 지극히 정상적이고 건강한 욕구들이 먼저 가정에서 엄마 아빠에 의해 채워지도록 계획하셨다. 부모들이 이러한 사랑과 용납에 대한 욕구를 채워 주지 않는다면 아이들은 다른 사람이나 다른 것에서 정서적 공허감을 채우려 할 것이며, 이는 자신을 파괴하거나 정서적 불구로 만들 수 있는 행동을 야기할 수도 있다. 자녀들에게 사랑과 용납을 표현하지 않는 아버지는 아이들의 삶에 아무런 영향을 끼치지 않는 것이 아니라 부정적인 영향을 끼치게 된다.

나는 그런 아빠가 되고 싶지는 않다. 내 자녀들이 사랑받고 용납받고 있다고 느낄 뿐 아니라 안정감과 자신감을 가진 청년들로 자라서 다른 사람을 사랑하며 기꺼이 도와줄 수 있는 자녀들의 아버지가 되기를 원한다. 우리의 하나님 아버지가 바로 그런 아버지이시다.

하나님 아버지의 사랑 : 먼저, 가장 그리고 영원한 사랑

3장

내가
닮고 싶은
아버지의
성품
–
무조건적으로
사랑하고
용납해 주는
아버지

*

49

———————— 많은 사람들이 하나님께서 그들이 그리스도인이 되기 전부터 그들을 사랑하신다는 것을 깨닫지 못하고 있다. 우리가 여전히 어두움 가운데 있을 때에, 하나님과 아직 원수 되었을 때에 하나님께서는 우리를 사랑하시고, 우리를 위해 죽으셨다.참조 : 엡 5:8, 롬 5:8 그가 먼저 우리를 사랑하신 것이다.요일 4:19 그는 우리가 자신의 행위를 깨끗하게 할 때까지 기다리지 않으셨다. 우리가 그의 기대에 미칠 때까지 기다리지 않으셨다. 그는 단순히 우리를 사랑하셨다.

하나님은 사랑하실 뿐 아니라 우리를 향한 그의 사랑을 보여 주셨다. 그는 자녀들을 안아 주거나 "사랑해."라고 말하는 것을 어려워하는 아버지가 아니시다. 그는 그 무엇보다 우리를 가장 사랑하시는 분이시다.롬 8:32 그는 말씀으로 그의 사랑을 우리에게 표현하셨다.요 1:14 십자가에서 그의 사랑을 우리에게 보여 주셨고, 우리를 향한 그의 사랑을 피로써 기록하셨다. 우리를 먼저 사랑하시고, 극진히 사랑하실 뿐 아니라 영원한 사랑으로 우리를 사랑하신다.렘 31:3

우리를 향한 하나님 아버지의 사랑은 완전하고, 변함이 없으시며, 무조건적이다. 그 사랑은 우리의 노력으로 얻을 수 있는 것이 아니다. 그 사랑은 피할 수도, 지울 수도 없다. 우리가 그에게 불순종할 때 실망하시고, 우리가 그의 길을 따르지 않을 때 안타까워하시며, 우리가 죄를 지을 때 슬퍼하실 것이다. 그러나 그는 결코, 결코, 결코, 우리를 향한 사랑을 멈추시지 않는다. 성경은 하나님 아버지의 무조건적인 사랑에 대해 이렇게 말한다.

"사망이나 생명이나 천사들이나 권세자들이나 현재 일이나 장래 일이나 능력이나 높음이나 깊음이나 다른 아무 피조물이라도 우리를 우리 주 그리스도 예수 안에 있는 하나님의 사랑에서 끊을 수 없으리라."롬8:38-39

나는 성장한 자녀에게도 이와 같은 아버지가 되기를 원한다. 우리 아이들이 내가 그들을 사랑하고 용납한다는 것을 변함없이 알기를 바란다. 그들이 나의 사랑에 대해 보답하기 전에 내가 먼저 그들을 사랑했다는 것을 알기를 원한다. 그들에게 우유를 먹이고, 트림을 시키며, 기저귀를 갈아 줄 때부터 그들을 사랑했다는 것을 알기를 원한다. 그들을 향한 나의 사랑이 무조건적이며, 그들이 한 일 때문이 아니라 그 모습 그대로를 사랑하는 것임을 알아 주기를 원한다.

그들을 향한 나의 사랑이 극진한 사랑이라는 것을 알아 주기를 원한다. 나의 일이나 취미, 친구들, 그리고 교회나 지역사회에서의 나의 지위 등 어떠한 것도 아이들보다 중요한 것은 없다. 나는 그 어떤 것보다도 아이들을 가장 사랑한다.

마지막으로 내가 그들을 영원히 사랑한다는 것을 아이들에게 알려 주기를 원한다. 그들이 어떤 사람이든 상관없이 내가 그들을 사랑하고 용납하리라는 것을 알기를 원한다. 그들은 내 사랑을 구걸할 필요가 없다. 그들은 내 사랑으로부터 피할 수 없고 내 사랑을 지워버릴 수도 없다.

이것이 내가 되기를 원하는 아버지의 모습이다. 물론 많은 사람에게 이런 아버지가 되는 일은 자연적으로 되는 일이 아니다. 적어도 나에게는 이 모든 것이 저절로 되는 일이 아니다. 그와 같은 모습들은 내가 배워야만 하는 것들이다.

사랑과 용납을 위한 환경을 만들라

3장

내가
닮고 싶은
아버지의
성품
-
무조건적으로
사랑하고
용납해 주는
아버지

*

51

──────── 아버지로서 무조건적으로 사랑하고 용납해 주는 것을 배우는 것보다 더 중요한 일은 없다. 당신의 자녀가 당신에게서 사랑과 용납을 느끼지 못한다면 그 자녀들은 안전하다고 느끼지 못할 것이다. 불안감을 느끼는 아이들은 거의 (혹은 전혀) 자신의 약한 모습을 보이려고 하지 않는다. 그들은 또한 정직하지도 못하다. 아들들은 학교에서 일어난 일들에 대해 이야기하려 하지 않을 것이다. 딸들은 데이트하는 남자가 자신을 어떻게 대하는지에 대해 말하려 하지 않을 것이다. 당신이 아이들에게 무조건적인 사랑을 보여 줄수록 아이들은 그들의 생각과 관심과 어려움 등을 솔직하게 당신과 나누며 이야기하고 싶어 할 것이다.

물론 조금 전에 말했던 것처럼 무조건적인 용납은 쉽지 않다. 솔직히 말하자면 그것은 불가능하다. 오직 하나님만이 무조건적으로 용납하실 수 있다. 우리는 죄인이기 때문에 아이들을 용납하는 데 한계가 있다. 그러나 우리 안에 잠재된, 우리도 알지 못하는 능력을 주시는 성령님의 능력으로 우리의 약함은 극복될 수 있다.

그렇다면 우리가 어떻게 사랑하고 용납할 수 있는가? 하나님 아버지가 우리에게 보여 주셨던 그 무조건적인 사랑과 용납을 어떻게 우리의 아이들에게 표현할 수 있는가? 물론 그것은 마음으로부터 진실하게 기도하며 끊임없이 하나님을 신뢰함으로 시작된다. 성령을 통하여 우리가 하나님과 결속되고, 우리 또한 다음에서 제시되는 무조건적인 사랑과 용납에 필수적인 요소들을 의식적으로 부지런히 실천함으로써 우리 아이들의 필요를 만날 수 있다.

1. 애정을 표현하라

무조건적인 사랑을 원하는 아이들의 필요를 채우는 가장 기본적인 방법들 중의 하나는 애정을 표현하는 것이다. 단순히 안아 주거나 몇 마디의 사랑이 담긴 말을 해주거나 애정 어린 눈빛으로 바라보는 것만으로도 아이들에게 큰 힘이 될 수 있다.

댄 벤슨Dan Benson은 그의 책 『완전한 사람The Total Man』에서 그의 어린 시절에 경험한 이 같은 순간들의 가치에 대해 회상하고 있다.

> 나는 어린 시절에 우리 가족들이 자주 부엌에 모여 서로를 포옹해 주었던 기억을 결코 잊을 수 없다. 아장아장 복도를 걸어 다니다가 아빠가 팔로 엄마를 감싸안는 모습을 보게 되면 (우리 집에서 그것은 일상적인 일이다.) 나는 기분이 좋아져서 나도 그 사이에 끼어들지 않고는 참을 수가 없었다. 그래서 부엌 바닥을 가로질러 달려가서 부모님의 다리를 꼭 껴안았다. 부모님은 언제나 행복해 하며 나를 끼워 주셨다. 주위에 다른 형제들도 있으면 함께 와서 가족 포옹은 점점 커지곤 했다. 아빠와 엄마는 말이 아니라 본을 보여 주심으로 우리 집을 사랑의 가정으로 만드셨다. 우리는 어릴 때부터 안정감을 느낄 수 있었다. 왜냐하면 아빠가 가정을 사랑과 기쁨이 넘치는 분위기로 이끌어 가셨기 때문이다.[7]

물론 애정을 드러내는 행동이 무조건적인 사랑이나 용납과 동일한 것은 아니다. 어떤 부모들은 자녀들 안아 주고 키스해 주지만 무조건적인 사랑과 용납을 보여 주지는 않는다. 그러나 안아 주고 키스를 해주는 것은 아빠가 아이들에게 "네 모습 있는 그대로를 받아들이고 사랑해."라고 말하는 데 도움이 될 수 있다.

나도
아버지를
닮고
싶어요

*

7) Dan Benson, The Total Man (Wheaton, Ill.: Tyndale House Publishers, 1977), p.26.

2. 자녀들 각자의 독특함을 인정하라

3장

내가
닮고 싶은
아버지의
성품
–
무조건적으로
사랑하고
용납해 주는
아버지

*

53

하나님께서는 우리 개개인을 독특하게 만드셨다. 현재 지구상에 살고 있는 60억 이상의 사람들 중 당신과 똑같은 사람은 아무도 없다는 것을 생각해 보라. 뿐만 아니라 당신의 아들이나 딸과 똑같은 사람도 없다.

2장에서 언급했던 도티의 아버지는 아이들을 하나의 개인으로 대하는 단순한 방법을 알고 있었다. 그는 도티에게 "너는 내가 제일 좋아하는 큰딸이야!"라고 말하곤 했다. 둘째 딸에게는 "너는 내가 제일 좋아하는 작은딸이야!"라고 한다. 아들에게는 "너는 내가 제일 좋아하는 아들이야!"라고 말했다. 단순하고 유치해 보이지만 분명 효과가 있었고, 그의 자녀들에게 자신이 특별하다고 느끼게 하는 한 방법이었다.

아버지가 아이들에게 "왜 너는 너희 형처럼 못해?" 혹은 "네 언니는 수학에서 아무 문제가 없었어."라고 야단치는 말을 듣는 것은 슬픈 일이다. 그보다는 우리 아이들을 고유의 특성과 재능과 은사를 가진 한 개인으로 인식함으로써 각 자녀의 독특함을 즐기는 편이 훨씬 낫다. 당신의 자녀들을 잘 살펴보면 많은 점에서 그들 각자가 독특한 존재라는 것을 알게 될 것이다(기분 좋은 웃음, 친구를 사귀는 기술, 자비로운 마음, 아름다운 목소리, 환한 미소, 동물들을 사랑하는 마음 등). 당신의 자녀들과 그들이 가진 영광스럽고 놀라운 독특함에 대해 긍정적으로 이야기를 나누라.

3. 자존감을 심어 주라

당신의 아이들은 자존감을 가져야 한다. 사람은 자신이 가치 있는 존재라는 마음과 느낌을 가져야만 한다.

아버지는 자녀가 가치 있는 존재라는 것을 여러 가지 방법으로 전달할 수 있다. 가장 중요한 방법들 중 하나는 자녀들과 함께 시간을 보내며 그가 중요한 존재라는 것을 보여 주는 것이다. 나는 아이들의 사랑이란 단어의 철자는 부모와는 다르다고 말하곤 한다. 그들은 'Love'사랑를 'Time'시간이라고 쓴다. 이것은 나에게 특별한 도전이었다. 왜냐하면 나는 반 이상의 시간을 집에서 떠나 있기 때문이다. 그러나 나는 그것을 보상하기 위해서 열심히 노력한다. 가능할 때마다 아이들을 데리고 다녔고, 매일 집에 전화를 했으며, 내가 여행에서 돌아올 때면 아이들을 데리고 나가서 아침 식사를 한다.

어느 일요일, 나는 샌디에이고 프로 미식축구팀 차저스Chargers가 경기 전에 갖는 예배에서 말씀을 전해 달라고 초청을 받았다. 나는 아들 선을 데리고 갔고, 예배가 끝난 후 함께 경기장으로 갔다. 그 팀은 우리 부자에게 경기장에서 가장 좋은 좌석을 배정해 주었다. 오만 명의 관중들이 경기장을 가득 채웠고, 함성으로 인해 귀가 떨어져 나갈 것 같았다.

나는 팔로 아들의 어깨를 감싸면서 말했다. "선, 관중들을 봐!" 선은 모든 사람들, 특히 위에 있는 사람들을 보기 위해서 그 자리에서 사방을 빙 둘러보았다. 열 살 아들의 눈에는 전세계 사람들이 그곳에 다 있는 것처럼 보였을 것이다.

"와~ 아빠, 사람들이 엄청 많아요!"라고 선이 소리쳤다. 나는 말했다. "그런데 이거 알아? 나에게는 저 모든 사람들을 다 합한 것보다 네가 훨씬 더 의미가 있는 존재야. 그리고 네가 나를 어떻게 생각하는지가 여기 모인 오만 명의 의견보다 아빠에겐 훨씬 더 중요해!"

선의 눈이 동그래졌다. 그는 다시 경기장을 들러보았다. 그런 다음 어린아이 특유의 흥분된 모습으로 다음과 같이 외쳤다. "정말로 아빠? 이 모든 사람들보다 내가 더 중요하다고?" 그는 내 무릎 위에 올라앉았고 그 순간의 선은 안정감과 함께 자신이 중요한 존재라는 것을 느끼고 있었다. 자신이 나에게 가치 있는 존재라는 것을 알게 된 것이다.

3장

내가
닮고 싶은
아버지의
성품
─
무조건적으로
사랑하고
용납해 주는
아버지

*

55

4. 소속감을 심어 주라

우리의 아이들이 가정에서 소속감을 느끼지 못한다면 그들은 소속감을 느낄 수 있는 다른 곳을 찾을 것이다. 어떤 아이들은 내가 피닉스에서 만났던 펑크 록커처럼 기이한 또래집단과 자신을 동일시할 것이고, 또 다른 아이들은 소속감을 갖기 위해서 거리의 갱단에 들어가기도 할 것이다. 어떤 아이들은 성적 경험을 통해서 용납에 대한 그들의 필요를 채우려 한다.

고등학교 2학년인 수^{Sue}는 그녀의 성경험에 대해 이렇게 설명했다.

"나는 너무 외로웠어요. 아빠와 엄마는 항상 너무 바빠서 나와 함께 할 시간이 없었어요. 테드^{Ted}가 내게 친근하게 대해 줄 때 나는 황홀했어요. 그는 내 이야기를 들어 주었고 나를 안고 위로해 주었어요. 그는 정말로 나를 염려해 주는 것처럼 보였어요."

내가 앞서 언급했던 나의 친구 딕 데이와 아내 샬롯은 한국인 고아를 입양해 '디모데'^{Timothy}라고 이름을 지어 주었다. 디모데가 미국에 도착해서 딕 데이의 가족이 된 후, 새로운 가족과 미국 문화에 적응하는 데 수개월이 걸렸다. 디모데가 여전히 적응하느라 힘들어하던 어느 날, 딕이 그에게 물었다. "디모데, 한국으로 돌아가고 싶니?" 그는 "아니요."라고 대답했다. 딕이 "왜 한국으로 돌아가고 싶지 않니?"라고 물었을 때 디모데는 다음과 같이 말했다.

"여기서 나는 특별한 사람이잖아요."

당신 역시 자녀들에게 이러한 소속감, 즉 가족의 일원으로서 매우 중요하다는 느낌을 심어 줄 수 있다. 정서적 안식처를 가짐으로써 그들은 불안감이나 또래집단의 부정적인 압력 또는 성적인 유혹 등을 이겨낼 힘을 얻게 된다. 당신의 사랑과 용납은 그들에게 "너는 우리 가족이야. 너는 중요한 존재야."라고 말해 주며 그들이 자신의 가치와 자존감을 형성하는 기초가 된다.

5. 성취보다는 그들의 가치를 인정해 주라

나의 아들 션이 열두 살이었을 때 어린이 야구팀에서 운동을 했다. 야구 시즌이 시작되기 일주일 전에 나는 션과 그의 팀원들에게 그들을 용납한다는 사실을 어떻게 보여 줄 수 있을지 고민하다가 좋은 아이디어가 떠올랐다. 나는 아이스크림 가게에서 열두 개의 쿠폰을 사서 코치에게 가져갔다. "코치 선생님, 이 쿠폰들을 아이들에게 나누어 주세요." 코치가 함박웃음을 띠면서 말했다. "정말 감사합니다. 더 많은 아버지들이 이처럼 관심을 보이면 좋겠어요. 아이들이 시합에서 처음으로 이겼을 때 쓸게요." 나는 재빨리 말했다. "아닙니다. 아이들이 처음으로 시합에 졌을 때 이 쿠폰들을 사용해 주세요."

그는 나를 이상한 눈으로 쳐다보았다. 내가 말한 것이 그가 생각하는 시합에서의 승리와 패배 그리고 그에 대한 보상에 관한 생각과는 맞지 않는 것처럼 보였다. 그래서 내가 설명을 했다.

"코치 선생님, 나는 당신을 잘 알지 못합니다. 그러나 내가 아이들을 키울 때 나는 그들의 성공보다는 그들의 노력을 더 많이 인정해 주고 싶습니다. 그리고 그들의 노력보다는 그들이 하나님의 형상으로 지

3장

내가
닮고 싶은
아버지의
성품
－
무조건적으로
사랑하고
용납해 주는
아버지

*

57

음을 받았다는 것을 더 많이 인정해 주고 싶어요. 내 아들이 야구를 어떻게 하든지 그는 하나님의 형상으로 지음을 받았고, 무한한 가치를 지닌 존엄한 존재라는 것을 나는 믿습니다. 아들이 평생 한 이닝도 해 보지 못했다 할지라도 나는 그를 사랑하고 용납할 것입니다."

선의 코치는 나를 오랫동안 물끄러미 쳐다보았다. 그리고 마침내 간신히 한마디를 했다. "음, 새로운 발상이군요."

그 코치는 약속을 지켰다. 처음으로 패배한 날, 그는 팀원들에게 쿠폰을 나누어 주었고, 그들은 단체로 아이스크림을 먹으러 갔다. 선은 그 아이스크림에 대해 적어도 다섯 번 이상 나에게 감사를 표했다. 뿐만 아니라 다음 2주 동안 그 팀의 아이들 중에 세 명이 나에게 감사를 표했다. 그중에서도 제시Jessie가 한 말이 특별히 기억이 난다.

"맥도웰 아저씨, 아이스크림을 사주셔서 너무 감사해요. 아저씨는 우리가 이기든 지든 상관이 없는 것 같아요. 아저씨는 우리를 사랑하시니까요."

바로 그것이다. 나는 그들이 얼마나 시합을 잘했느냐에 상관없이 그들을 사랑하며 용납하고, 그들이 가치 있는 존재라는 것을 말해 주기를 원했다. 왜냐하면 그들은 하나님의 형상으로 지음을 받았고, 그 결과 그들은 무한한 가치와 존엄성을 가진 존재이기 때문이다.

6. 자신감을 키워 주라

아이들이 가정에서 그리고 사회에서 사랑받고 용납받고 있다는 것을 느끼기 위해서는 자신감을 키워 나가야 한다. 아이들은 잘하고 싶은 자연스러운 욕망을 가지고 있다. 부모로서 우리는 아이들의 시도에 대해 격려하고 그들의 성취에 대해 격려하고 축하해 주어야 한다.

불행히도 아이들이 자신감을 키우지 못하는 몇 가지 이유가 있다.

성인들은 아이들의 능력을 성인의 기준으로 판단하려고 하는 경향이 있다. 우리는 아이들이 성인의 수준으로 일을 능숙하게 해낼 것이라고 기대할 수 없다. 나는 내 딸들이 나처럼 능숙하게 차를 세차하리라고 기대하지 않았다. 아들이 어릴 때에는 그가 나처럼 침대를 잘 정리정돈하리라고 기대하지 않았다. 나는 그들의 제한된 지식과 이해를 고려해 주어야만 했다.

우리는 아이들이 훈련 없이도 능숙하게 잘할 수 있을 것이라고 기대하지 말아야 한다. 침대를 정리하고, 차를 세차하며, 잔디를 깎는 데 얼마나 많은 기술들이 요구되는가? 그러나 많은 부모들은 적절한 지침 없이 아이들에게 일을 맡긴다. "넌 이제 네 방을 스스로 정리할 나이가 되었어. 방을 정리하거라. 제대로 해야 돼!"

당신이 아이들에게 어떤 일에 대한 지침을 줄 때, 그들에게 실패할 수 있는 자유 또한 줄 필요가 있다. 만약 그들이 실패한다면 그들이 그 일을 끝마칠 수 있도록 격려하는 것이 필요하고, 당신이 그것들을 도와줄 수도 있다. 이미 끝마친 일에 대해서는 칭찬하고, 아직 다하지 못한 일에 대해서는 끝낼 수 있도록 동기를 부여하라. "차 바깥은 깨끗하게 잘 씻었구나! 정말 잘했어. 그러나 차 안은 좀 더 정리해야 할 것 같아. 차 내부를 청소하는 것을 내가 도와줄까?"

또한 당신의 아이들이 자신감을 갖도록 하는 데에는 가정 이외의 요인도 있다. 우리는 경쟁사회에서 살고 있다. 우리는 직장에서, 학교에서, 운동장에서 끊임없이 다른 사람들과 경쟁하면서 살아간다. 불행히도 우리보다 좀 더 나은 사람들은 항상 있기 마련이다. 우리들 중 많은 사람들이 삶의 어떤 영역에서는 경쟁에서 많이 뒤처지기 때문에 우리보다 뛰어난 사람들과 끊임없이 비교된다면 우리의 자신감은 쉽게 무너지고 만다.

우리 아이들에게 자신감을 키워 주는 데에는 오랜 노력이 필요하고, 이를 위해 많은 생각과 계획이 필요하다. 우리는 자신의 잘못을 먼저 찾기보다는 새롭게 성장한 자신의 모습을 즉시 인정할 수 있는 긍정적인 자아상의 모델이 되어야 한다. 우리는 그들이 자신의 강점은 정확하게 인식하고, 약점은 자책감 없이 인정할 수 있도록 도울 필요가 있다.

아버지는 가정에서 긍정적인 환경을 조성하는 역할을 해야 한다. 아이들의 장점을 이끌어내고 그것들을 잘 개발하고 강화시켜서 그들이 누구인지, 그리고 왜 그들이 무한한 가치와 존엄성을 지닌 존재인지에 대한 올바른 인식을 불어넣어야 한다. 그러한 아이들은 결혼 전에 성관계를 가질 가능성이 낮아지며, 사랑과 인정을 받기 위해 잘못된 관계를 맺을 위험도 적어질 것이다. 그들은 부모의 권위에 덜 도전적이 될 것이며, 동료들의 부당한 압력에도 굴복할 확률이 낮아진다. 또한 그런 아이들은 올바른 성적인 기준들을 갖기 쉽고, 건전한 관계들을 형성해 갈 가능성이 높다. 그들은 학교와 졸업 후에 직장에서 좀 더 성공하기 쉽다.

이런 자녀를 갖는 것은 아버지들의 꿈이다. 그러나 이런 일은 우연히 이루어지지 않는다. 뿐만 아니라 이것들은 인간의 노력으로 이루어지는 것도 아니다. 이런 일은 오직 기도 가운데 성령을 의지함으로 우리를 사랑하고 용납하시는 하나님 아버지와 결속될 때 이루어질 수 있다. 하나님은 우리의 주의 깊고 성실한 노력을 통해 우리가 되고 싶은 아버지, 하나님 아버지와 같은 아버지가 되도록 하실 수 있다.

3장

내가
닮고 싶은
아버지의
성품
–
무조건적으로
사랑하고
용납해 주는
아버지

*

59

묵상, 토의 그리고 실천을 위한 질문들

1. 나는 열두 살 소녀인 코린Koreen의 이야기를 소개한 후, 내가 듣고, 보고, 알았던 아버지들의 부정적인 말이나 파괴적인 행동을 언급했다. 46-47페이지를 다시 보라. 당신에게는 이런 행동이나 성향이 없는가? 당신에게도 이런 모습이 있다면 이런 행동들이 자녀들에게 당신의 사랑과 용납을 인식하는 데 어떤 영향을 끼칠 수 있는지 생각해 보라.

2. 왜 당신의 아이들은 하나님이 보시기에 특별한 존재인가? 아이들의 이름을 적고 왜 그들이 하나님과 당신에게 특별한 존재인지에 대한 구체적인 이유 다섯 가지를 적어보라. 그런 다음 그것을 아이들에게 전해 줄 방법들을 생각해 보라.

_____

_____

_____

_____

*3. 당신의 자녀들 개개인에 대해 생각해 보라. 그 아이는 당신이 그를 사랑하고 용납한다는 것을 알고 있는가? 당신은 어떻게 아는가?

_____

_____

_____

*4. 아이들이 무엇을 성취했기 때문이 아니라 그들이 당신에게 특별한 존재이기 때문에 그들을 사랑하고 용납한다는 것을 아이들에게 전해 주는 것이 필요하다. 이것을 전해 주기 위해 당신이 할 수 있는 두 가지를 생각해 보라. 당신은 언제 어떻게 이런 생각들을 실천할 것인가?

_____

_____

_____

4장

내가 닮고 싶은 아버지의 성품

순결한 아버지

THE FATHER CONNECTION

얼마 전에 나는 내 강연을 들었던 그리스도인 아버지로부터 한 통의 편지를 받았다. 그들 부부는 좋은 부모가 되기 위해서 언제나 최선을 다해 왔다고 말했다. 그들은 좋은 교회에 다니고 있었고, 자녀들에 대해서도 항상 자랑스러워했다. 그러나 최근에 맏딸에 대해서 무엇인가를 알게 되었는데 그로 인해 세상이 무너져 내리는 것 같다고 했다.

이 아버지는 십대인 그의 딸이 아주 예쁜 아이였지만 학교에서 남자아이들에게는 별로 인기가 없었다고 했다. 그녀는 미식축구팀의 한 남학생과 교제를 시작했고, 곧바로 그와 성관계를 가졌다(아버지는 이것을 최근에 알았다고 했다.). 그 후 그녀는 미식축구팀의 다른 학생들과 성관계를 가졌고, 오래되지 않아 그녀는 미식축구팀의 모든 학생과 성관계를 가지게 되었다.

그 아버지는 극심한 고통 가운데서 편지에 이렇게 썼다.

"조시, 그놈들이 내 딸을 마치 팀의 창녀처럼 이리저리로 패스하고 있었어요!"

이것은 아버지에게는 악몽이다. 어떤 아버지도 그와 같은 입장이 되고 싶지는 않을 것이다. 어떤 아버지도 그 자녀가 결혼 전에 성적으로 상처를 입거나 성관계를 가지는 것을 원치 않을 것이다. 어떤 아버지도 그 자녀가 결혼해서 외도하는 것을 원치 않을 것이다.

우리 삶에서 이런 악몽 같은 일들이 일어날 가능성을 줄이려면 어떻게 해야 할까? 우리 아들과 딸들이 성적인 문제에 있어서 현명한 선택을 할 가능성을 어떻게 높일 수 있을까? 어디에서 도움을 받을 수 있을까? 어떻게 도울 수 있을까?

아버지의 세 가지 영향력

——————— 아버지는 자녀가 성에 대한 신념과 행동을 세워 가는 데 가장 큰 영향을 끼칠 수 있다. 연구에 의하면 아버지의 영향력은 세 가지 영역에서 나타난다.

1. 아버지의 존재

제리 애들러Jerry Adler는 오늘날 미국 아이들의 절반 이상이 어린 시절의 일부를 어머니와만 보내야 했다고 보고했다.

"인구 조사에 의하면 16,300,000명의 미국 아이들이 홀어머니와 살고 있고…그러한 어린이들 중 40%가 지난 일 년 동안에 아버지를 한 번도 만나지 못했다."[8]

이것은 대단히 중요한 통계이다. 왜냐하면 가정에서 아버지의 부재는 아이들의 성에 대한 태도나 행동에 영향을 미치는 결정적인 요

8) Jerry Adler, "Building a Better Dad," Newsweek (June 17, 1996), p.61.

인이기 때문이다. 1장에서 언급했던 것처럼 존스홉킨스대학 연구원들은 "아버지가 없는 가정에서 사는 십대의 백인 소녀들은 부모 모두가 있는 가정에서 사는 아이들보다 혼전 성경험을 할 확률이 60%나 높은 것으로 보인다."고 보고했다.[9]

그러나 가정에서 아버지의 부재는 소년들에게도 영향을 미친다. 인디애나대학의 연구원 로버트 빌링햄Robert Billingham은 아버지 없이 성장한 남자아이들은 "남자는 어떻게 행동해야 한다는 문화적인 고정관념이나 텔레비전이나 영화에서 볼 수 있는 일시적인 유혹으로부터 본을 받는다."고 했다.[10]

2. 아버지의 관심

크리스토퍼 앤더슨Christopher Anderson은 그의 저서 『아버지 : 그 존재와 힘Father : The Figure and the Force』이라는 책에서 가슴을 드러내고 접대를 하는 술집이나 스트립strip 클럽에서 일하는 7,000명의 여성들에 대해 연구한 논문을 인용했다. 경제적인 요인들이 그들의 직장 선택에 주요한 영향을 미칠 수도 있지만, 앤더슨은 "이 여성들의 대부분은 그들이 아마도 어린 시절에 한 번도 받지 못했던 남성으로부터의 관심을 기대하고 있었다는 것을 인정했다."고 쓰고 있다.[11] 앤더슨은 계속해서 부모의 관심 부재와 이 여성들의 성적인 행동 사이의 직접적인 상관관계를 언급한다.

9) Kathleen Fury, "Sex and the American Teenager," Ladies' Home Journal (March 1986), p.60.
10) Marilyn Elias, "Parents' Divorce Affects Sex Lives of Collegians," USA Today (November 8, 1989), 1D.
11) Christopher P. Andersen, Father: The Figure and the Force (New York: Warner Books, 1983), pp.86-87.

3. 아버지의 친밀함

조시 맥도웰 미니스트리Josh McDowell Ministry에서 실시했던 두 가지 연구에서 아버지와 친밀한 관계를 맺고 있는 것으로 답한 십대들은 남녀가 모두 성적으로 훨씬 덜 문란한 경향을 보인다는 결과를 강하게 제시하고 있다. 또한 다른 많은 연구들도 아버지와 건강한 관계는 청소년들의 혼전 성경험 여부에 영향을 미치는 결정적인 요인이라고 말한다.

제3의 영향력

──────── 아버지의 세 가지 영향력 중 어느 한 가지 요인이라도 빠지거나 부족하면 아빠의 영향력은 청소년들의 성性적 기준에 영향을 주는 다른 두 가지의 경쟁 요인들에 밀려 제3의 영향력이 될 것이다. 다른 두 가지 요소는 다음과 같다.

1. 동료로부터의 압력

동료 그룹은 청소년에게 가장 큰 영향을 미친다는 것은 말할 것도 없다. 우리의 청소년 문화는 개인의 자존감이나 가치, 성, 자아정체성, 그리고 용납에 대해 자신의 생각들을 서로 주고받는다. 프랭크 마틴 Frank Martin은 그의 저서 『아이들에게 친근한 아빠The Kid-Friendly Dad』에서 그가 유명한 가족 상담사로부터 들었던 하나의 이야기를 썼다.

열여섯 살 소녀가 상담을 위해 그를 찾아왔고, 열세 살 때 자신이 했던 성경험에 대해서 이야기했다.

"나는 친구들로부터 성에 대해서 듣는 것에 너무 지쳐 있었고, 그것이 어떤 것인지를 스스로 경험해 보고 싶었어요. 그래서 파티에서 가장 귀여워 보이는 남학생에게 다가가서 그도 이것을 하고 싶은지를 물었어요." 그 둘은 바로 침실로 들어갔고, 한순간에 그 어리고 순진했던 소녀는 처녀성을 잃어버렸다. "내가 기대했던 것이 그런 것은 아니었어요. 그러나 적어도 그것이 어떤 것인지 알았고, 친구들에게 그것에 대해서 이야기는 할 수 있었어요."[12]

친구들로부터의 압력은 십대들이 성행위를 하도록 만드는 가장 주요한 원인이다. 특별히 앞에서 언급했던 아버지의 세 가지 요인들 중에 한 가지 혹은 그 이상이 없는 경우에는 더욱 그렇다.

1,000명의 십대들을 대상으로 한 연구에 의하면 그들 중 76%는 자신도 소외감을 느끼지 않고 직접 경험하기 위해서 성적인 행동을 할 것이라고 했다.[13] 십대들의 모임이나 학교, 그리고 동료 집단에서 '성 경험 경쟁'에 참여하라는 압력을 이겨내기란 쉽지 않다.

2. 대중매체가 주는 메시지들

십대들에 대한 전국적인 조사 결과, 우리는 혼전 순결과 성적 절제를 강조하는 "왜 기다려야 하는가?"라는 운동을 전개하게 되었다. 이 조사에 의하면 동료 집단은 십대들의 성적인 행동과 태도에 제일 큰 영향을 끼치는 존재였다. 그렇다면 무엇이 동료 집단에게 영향을 끼치는가? 대다수의 동료들은 성에 대한 정보를 부모나 교회, 학교에서 얻는 것이 아니라 끊임없이 쏟아져 나오는, 그 어느 때보다도 더 천박해지고 노골적인 텔레비전이나 영화, 록 뮤직과 잡지에서 영향을 받고 있다.

---

12) Frank Martin, The Kid-Friendly Dad (Downers Grove, IL: InterVarsity Press, 1994), p.85.
13) Leslie Jane Nonkin, I Wish My Parents Understood (New York: Penguin Books, 1982), appendix 2, p.58.

(1) 텔레비전

대중매체는 아마도 복음주의 교회를 다니는 십대들에게 성에 대해서 가장 큰 영향을 끼치는 요소일 것이다. 대중매체가 십대들에게 그처럼 큰 영향을 끼치는 이유는 무엇인가? 다음 사실들을 생각해 보라.

보통 유치원 아이들은 대학생들이 학사 학위를 따기 위해 강의실에서 수업을 듣는 시간보다 더 많은 시간을 텔레비전을 보는 데 쓴다. 한 조사에 의하면 유치원생들은 일주일에 20시간 정도 텔레비전을 시청하며, 초등학교 학생들은 22시간을 시청한다고 한다.

"텔레비전 시청보다 더 많은 시간을 소비하는 것은 잠자는 시간 밖에 없다. 열여덟 살이 되면 학교생활을 포함하여 다른 어느 곳에서 보내는 시간보다 텔레비전 앞에서 보내는 시간이 더 많게 될 것이다."[14]

다른 조사에 의하면 고등학생들은 학교를 졸업할 때까지 평균적으로 22,000시간 정도 텔레비전을 시청한다고 한다. 이것은 12년 동안 교실에서 수업을 듣는 시간보다 두 배나 많은 시간이다.

(2) 음악

중학교부터 고등학교까지 학생들은 평균 10,500시간 동안 록 뮤직을 듣는다. 초등학교부터 고등학교까지 12년 동안 학교 교실에서 보내는 시간은 록 뮤직을 듣는 시간보다 단지 500시간 정도 많을 뿐이다.[15] "십대들은 대중매체로부터 지나치게 큰 영향을 받는다. 그들은 어느 때보다 어른들과 대화하는 시간이 적으며, 그 결과 친구들과 대중매체에 나오는 역할 모델들이 더 큰 영향을 끼치게 되는 것이다."[16]

14) Reginald W. Bibby and Donald C. Posterski, The Emerging Generation-An Inside Look at Canada's Teenagers (Toronto: Irwin Publishing, 1985), p.39.
15) Stewart Powell, "What Entertainers Are Doing to Our Kids," U.S. News and World Report (October 28, 1985), p.46.
16)Carol Towarnicky, "Positive Images Needed to Combat Teenage Pregnancy," Houston Chronicle (January 12, 1986), pp.17-18.

(3) 영화와 비디오

대부분의 청소년들은 성의 개방과 쾌락에 따른 대가를 깨닫기도 전에 대중매체를 통해서 성에 대한 개념을 갖게 된다. 그러한 개념을 바로잡지 못하면 결과적으로 그들은 높은 대가를 지불하게 될 것이다. 한 젊은 여인은 그 대가에 대해서 다음과 같이 말한다.

> 영화나 드라마들은 불륜이나 혼전 성관계로 인해 겪는 삶의 파괴와 절망에 대해서 다루지 않습니다. 잘못된 성관계로 인해 발생하는 결과들은 결코 가볍지 않습니다. 내가 겪었던 일 중에서 가장 어렵고 고통스러운 일은 대수술이나 암 검사보다, 깨어진 가정이나 취업 실패보다, 결혼한 사람과 성적 관계를 끝내는 것이었습니다.[17]

그런 이야기들이 내 마음을 아프게 하고, 또한 두렵게 한다. 이런 이야기들이 당신도 두렵게 하기를 바란다. 그래서 당신의 자녀들이 동료의 압력이나 대중매체의 메시지에 맞설 수 있도록 도울 뿐 아니라 성에 대한 올바른 관점을 갖도록 하는 데 제3의 영향력이 아닌 가장 중요한 영향력을 미쳐야겠다고 단단히 결심하기를 바란다.

나는 당신에게 성에 관한 하나님의 관점을 알고 성생활에 대한 건강하고 건전한 태도를 소유한 자녀들의 아버지가 될 것을 도전한다. 성과 순결에 대해서 아이들과 대화할 수 있을 뿐 아니라 십대와 청년기에 그들이 직면하게 되는 동료의 압력이나 유혹들을 이겨낼 수 있도록 그들을 붙들어 줄 수 있는 아버지가 되기를 바란다. 결혼 전에 성적 순결을 지키고, 결혼 후에도 평생 동안 신실함을 지키는 자녀들의 아버지가 되기를 바란다. 나는 당신이 우리 하나님 아버지와 같은 아버지가 되기를 바란다.

---

17) As quoted in Why Wait? by Josh McDowell and Dick Day (San Bernardino, CA: Here's Life Publishers, 1987), p.45.

순결의 본

━━━━━━ 성경에 나타난 하나님의 계명은 그의 백성들에게 순결을 지킬 것을 명한다. 하나님께서는 율법을 통해서 말씀하셨고, 그의 기준을 분명히 제시하셨다. 성적인 불결함, 즉 결혼을 통하지 않은 성행위는 잘못된 것이다.

> "…음행을 멀리 할지니라."행 15:29
> "…음행을 피하라."고전 6:18
> "…우리는 그들과 같이 음행하지 말자."고전 10:8
> "음행…은 너희 중에서 그 이름조차도 부르지 말라. 이는 성도에게
> 마땅한 바니라."엡 5:3
> "그러므로 땅에 있는 지체를 죽이라. 곧 음란과 부정과…"골 3:5
> "하나님의 뜻은 이것이니…곧 음란을 버리고"살전 4:3

하나님의 뜻이 순결이라는 것은 분명하다. 그러나 우리는 하나님의 뜻은 하나님께서 명령하시는 것을 통해 드러날 뿐 아니라 그분이 소중하게 여기는 것에서도 드러난다는 것을 간과하기 쉽다. 하나님은 순결을 소중하게 여기신다. 하나님께서는 그의 백성들에게 순결의 가치를 가르쳐 주시기 위해 끊임없이 말씀하셨다. 하나님께서는 성전을 건축하는 데 순금을 사용할 것을 명하셨고, 예배에 순수한 향을 사용하도록 하셨으며, 희생을 위해 순전한 동물들을 바치도록 하셨다. 그분은 또한 우리에게 순결한 마음마 5:8, 순결한 신앙약 1:27, 그리고 순결한 관계들딤전 5:2을 명하셨다.

그러나 무엇보다도 이러한 계명들은 하나님 자신에 대해서 계시해 주고 있다. 우리의 본이 되시는 하나님 아버지는 순결하시다는 것이다.

"주를 향하여 이 소망을 가진 자마다 그의 깨끗하심과 같이 자기를 깨끗하게 하느니라."요일 3:3 토마스 트레베탄Thomas Trevethan은 하나님의 순결함에 대해 다음과 같이 기억에 남을 만한 말로 묘사하고 있다.

> 참되신 하나님은 모든 악으로부터 완전히 구별되는 분이시다. 그는 도덕적으로 온전하신 분이시다. 그분의 뜻에 나타난 하나님의 성품은 도덕적 탁월함의 절대적인 표준이 되신다. 하나님은 거룩하시고, 만물과 모든 선한 것의 절대적인 기준점이 되신다. 모든 면에서 하나님은 피조물과 완전히 다르시다. 그분은 본질적으로 절대 순결하신 분이다.[18]

하나님은 순결하신 분이기 때문에 성적인 불결은 그분에 대한 범죄이다. 밧세바를 범했던 다윗은 하나님께 다음과 같이 고백하면서 자신의 죄를 회개했다. "내가 주께만 범죄하여 주의 목전에 악을 행하였사오니"시 51:4 다윗은 자신의 죄가 다른 사람들에게 영향을 미친 결과, 밧세바의 남편이었던 우리야와 다윗과 밧세바 사이에서 낳은 아기를 죽였다는 것을 무시하고 있는가? 그것은 아니다. 다윗은 그가 밧세바와 죄를 지었을 때 율법을 주신 하나님께 죄를 지었다는 것을 인정한 것이다. 그의 행위는 하나님의 순수함에 대하여 범죄한 것이므로 잘못된 것이다. 다르게 말하면, 우리의 본이 되신 하나님 아버지는 현대문화, 동료들의 압력, 그리고 대중매체가 주는 메시지와는 대조적으로 순결함은 좋은 것이라고 말씀하신다.

우리의 본이신 하나님 아버지는 우리에게 순결을 명하신다. 왜냐하면 그분이 순결을 소중히 여기시기 때문이다. 그분 자신이 순결하신 분이시기 때문에 그분은 순결을 소중히 여기신다.

---

18) Thomas L. Trevethan, The Beauty of God's Holiness (Downers Grove, IL: InterVarsity Press, 1995), p.13.

우리는 이런 아버지가 되기를 원한다. 그러므로 당신의 자녀들이 순결함은 부끄럽거나 쑥스러운 것이 아니라 선善임을 알도록 가르쳐야 한다. 그들이 문화와 동료의 압박, 그리도 대중매체를 통해 전해지는 불결함과 일탈의 유혹들을 거절할 수 있도록 도우라. 그리고 당신이 섬기고, 닮기를 원하는 하나님 아버지처럼 당신도 순결함을 가치 있게 여긴다는 것을 알도록 도우라. 당신 안에 있는 성적 순결에 대한 성경적 기준을 그들에게 가르치라.

물론 말하기는 쉽지만 행하기는 어려운 일이다. 그러나 어느 누구도 처음부터 잘할 수는 없다. 당신이 다음에 나오는 계획들을 실천하고자 할 때 우리 안에 계셔서 우리의 행함을 통하여 일하시는 성령님께 기도 가운데 끊임없이 의지하는 것이 필요하다.

관심과 애정을 보이라

─────── 언젠가 미국에서 가장 크고 부유한 복음주의 교회 중 한 곳에서 일주일 동안 수련회를 인도한 적이 있었다. 수련회 기간 동안 나는 42명의 고등학교 2, 3학년 학생들과 상담을 했다. 그들이 가장 많이 한 질문은 "조시, 내가 아빠와 무엇을 할 수 있나요?"라는 것이었다. 그 말이 무엇을 의미하는지를 물었을 때 그들은 다음과 같이 말했다. "아빠는 나와 함께할 시간이 전혀 없어요.", "나를 어디로 데리고 간 적이 없어요.", "나와 전혀 대화하지 않아요.", "나와 함께 무엇인가를 한 적이 없어요." 나는 42명의 아이들 모두에게 다음과 같이 물었다. "너희들은 아빠와 대화할 수 있겠니?" 오직 한 명만이 "예."라고 대답했다.

이 아이들은 모두 아버지의 관심과 애정에 굶주려 있었다. 이와 같은 '사랑의 기근'은 부모와 아이들 모두에게 영향을 미칠 수 있다. 사랑에 굶주렸던 부모가 더욱 사랑에 굶주린 자녀를 양육하는 악순환이 계속되는 것이다. 그리고 그 결과는 참으로 참담하다.

아이들은 당신의 관심이 필요하다. 나는 종종 우리 아이들을 학교에서 불러내어 점심을 사주곤 했다. 삼십 분 정도 주위를 산책하거나 아이스크림을 사주는 일은 당신이 자녀에게 관심을 가지고 있고 또 그들이 당신에게 참으로 중요한 존재라는 것을 전해 줄 기회를 제공해 줄 수 있다. 내 친구 웨이크필드는 그의 자녀들이 어렸을 때 경험했던 이야기 중 하나를 말해 주었다.

언젠가 가족들과 함께 주일예배 후에 점심을 먹으면서 나는 아이들에게 말했습니다. "오늘 너희를 위해서 선물을 하나씩 준비했어." 아이들은 눈이 휘둥그레지면서 호기심 어린 표정을 지었습니다. "너희들 모두에게 삼십 분씩 시간을 내어 줄 거야. 그 시간동안 너희가 무엇을 원하든지 함께해 주겠어." 그들은 예쁘게 포장된 선물을 받는 것처럼 즐거워하며 소리를 질렀습니다.

나는 에이미Amy에게 무엇을 원하는지 물었습니다. "나는 아빠와 함께 산책을 하고 싶어요." 그래서 우리는 손을 잡고 집 주위를 산책한 후 아이스크림을 사먹었습니다. 우리가 집으로 돌아왔을 때 조엘Joel이 자기는 집 앞 잔디밭에서 아빠와 씨름을 하고 싶다고 했습니다. 그래서 우리는 삼십 분 동안 함께 씨름을 했습니다. 그런 다음 유치원에 입학할 예정인 질Jill에게 무엇을 원하는지 물었습니다. "뒷문 앞에 있는 의자에서 아빠 무릎에 앉아 아빠가 동화책을 읽어 주었으면 좋겠어요." 그래서 우리는 책을 함께 읽었습니다.

그날 오후, 나는 아이들과 함께해 주는 것이 얼마나 귀한 선물인지를 깨달았습니다. 시간을 기꺼이, 아낌없이 주게 될 때 풍요로운 수확을 얻게 됩니다.

나이에 상관없이 아이들은 당신의 애정을 필요로 한다. 아버지가 십대 자녀들을 안아 주는 것이 어떤 다른 단일요소보다 성적 순결을 지키도록 아이들을 격려해 줄 수 있다고 확신한다. 아이들은 아무리 많이 안아 주어도 지나치지 않다. 얼마나 나이가 들었는지 혹은 얼마나 덩치가 큰지는 문제가 되지 않는다. 애정이 필요 없을 만큼 커버린 사람은 없다. 안아 주거나 윙크를 한다거나 혹은 "사랑해!" 하고 속삭이거나 몸짓으로 보여 주는 것은 단순해 보이지만, 그러나 놀라운 힘을 가지고 있다.

성에 대해 솔직하게 대화하라

──────── 당신의 자녀들에게 성에 대한 올바른 태도와 행동을 가르치기 위해서는 그들과의 대화가 필수적이다. 당신과 당신의 아내는 아이들이 온전한 인격을 지닌 사람이 되도록 인도해 줄 가장 좋은 기회를 가진 사람들이다. 자녀들과 긍정적이고 솔직한 대화를 계속하고 있다면 당신 부부가 누리는 결혼 안에서의 안전한 성의 풍요로움은 자녀들과의 관계를 다채롭게 만들 것이다. 당신의 아들은 남자가 된다는 것이 무엇을 의미하는지, 어떻게 여자들을 대해야 하는지를 알게 될 것이다. 그는 자신을 인도해 줄 가장 훌륭한 안내자가 곁에 있으므로 안도감을 느낄 수 있을 것이다. 아빠가 딸을 얼마나 자랑스러워하는지를 표현한다면 딸의 자존감은 높아지고, 자신이 여성이라는 사실을 소중하게 여길 것이다. 그녀는 성장하면서 자신이 만나는 남자들을 올바로 평가할 수 있는 판단력도 기르게 될 것이다. 당신 자신의

삶과 사랑의 권위가 그녀에게 남자들이 자신을 부당하게 대하지 못하도록 지킬 수 있는 보호막이 될 것이다. 그녀는 이성을 어떻게 대해야 하는지를 배우게 될 것이다.

당신이 인생의 성적인 영역에 대해서 대화하고 표현하는 능력은 당신 자녀들과의 관계에서 매우 중요한 요소이다. 우리는 성경으로부터 개인적인 순결과 성도덕에 관하여 자녀들과 대화하는 것에 관한 교훈을 얻을 수 있다.

잠언 3장부터 7장에서는 자녀들에게 성적인 문제에 대해서 부모의 지혜에 귀 기울이도록 교훈하고 있다. 부모에게는 자녀에게 성적인 문제에 대해 말하도록 권고하거나 명령하는 내용이 없다. 그 이유는 부모가 자녀들에게 이런 문제에 대해서 말할 것이 이미 전제되어 있기 때문이다. 당신은 자녀들의 삶에서 이처럼 중요한 문제에 대해 그들과 대화를 나눈 적이 있는가?

성에 대해 자녀들과 대화하는 것은 매우 중요한데 이때 직면해야 할 사실이 있다. 만일 우리가 자신의 성적 정체성에 대해 확신이 없거나 불편함을 가지고 있다면 우리는 이것을 자녀들에게도 심어 주게 된다. 한 남성이 여성을 비하하는 환경에서 자라났다면 자신의 딸에게 남자로부터 쉽게 상처를 받을 수 있는 낮은 자존감을 전달할 수 있다. 당신이 남자들은 강하고, 말이 없어야 하며, 거칠고 무신경해야 한다고 배웠다면 당신의 아들들도 당신을 관찰하면서 이러한 성향을 가질 수도 있을 것이다.

그러나 기억해야 할 것은 우리는 파괴적이고 부정적인 영향을 끼치는 이런 삶에 사로잡혀 있을 필요가 없다는 것이다. 성령의 능력을 힘입어 우리는 자유를 얻고 새로운 감성과 태도와 행위로 변화되어 가며, 이는 우리 자녀들에게 기쁨과 사랑 가운데 살아가는 삶의 방식으로 전달될 것이다.

경건한 순결의 기준을 본으로 보이라

──────── 아버지가 순결에 대한 경건한 기준들을 본으로 보인다면 아이들도 쉽게 순결에 대한 온전한 기준들을 배워갈 것이다. 항상 아내를 친절하게 대우하며, 여성임을 인정해 주고, 삶의 동반자로서 소중히 여기는 아버지는 그의 자녀들이 정서적 안정감을 갖도록 견고한 기초를 세우는 것이다. 성에 대한 세상의 가치관을 따르지 않는, 즉 그가 세상에서 보고 듣는 것들과는 다르게 행하는 아버지는 그의 자녀들에게 하나님의 순결에 대한 본이 된다.

자녀들에게 순결에 대한 하나님의 기준들을 갖도록 돕는 가장 효과적인 방법 중 하나는 성에 대한 건강한 이미지가 어떤 것인지 보게 하는 것이다.

많은 부모들은 성에 대해서 말을 하지 않거나 말하는 것을 수치스럽게 여김으로써 아이들에게 성은—심지어 결혼의 테두리 안에서의 성이라도—더럽거나 최소한 드러내놓고 말해서는 안 되는 것으로 생각하게 한다. 그러나 성은 당신이 아내와 누리는 순결하고 아름다운 관계의 한 부분이라는 것을 아이들이 알게 함으로써 하나님이 계획하신 대로 성에 대한 건강한 태도를 가지도록 격려하게 된다.

딕 데이와 내가 공저한 『당신의 자녀들에게 영웅이 되는 법*How to be a Hero to Your Kids*』이라는 책에는 다음과 같은 이야기가 나온다.

덕은 아내 샬롯이 미국 중서부에 있는 휘튼대학Wheaton College에서 열렸던 여성 수련회에 강연하러 갔던 때를 회상했다. 그녀는 한 주간을 거기에 있었고, 오후 여섯 시 비행기로 샌디에이고San Diego로 돌아오고 있었다. 딕이 줄리안Julian에서 아내를 데리러 60마일 정도 떨어져 있는 샌디에이고로 가기 위해 준비하면서 십대 초반이었던 티미Timmy와 요나단Jonathan에게 말했다. "얘들아, 오늘 밤에 둘만 있어도 괜찮겠니? 형이 바로 길 건너에 있으니까 혹시 문제가 생기면 전화해. 난 엄마와 공항에서 만나 오늘밤은 샌디에이고에 있는 호텔에서 지낼 거야." 티미가 아빠를 보면서 얼굴에 큰 미소를 지었다. 그리고 옆구리를 쿡 찌르며 눈을 반짝이면서 말했다. "아빠, 어서 가세요. 그렇게 하세요!"[19]

딕의 아들들은 부모의 관계를 통해 결혼생활 안에서 누리도록 하나님이 계획하신 아름답고 순결함으로 강화된 성의 이미지를 보았던 것이다.

순결에 대해 가르치라

───── 내 딸 켈리가 열다섯 살이 되었을 때, 나는 수년 동안 기다려왔던 일을 실행에 옮겼다. 나는 켈리와 함께 몇 번의 데이트를 했다. 켈리에게 데이트 신청을 한 뒤, 정장을 차려 입고 집을 나갔다. 그리고 조금 뒤에 그녀를 차에 태우기 위해서 집으로 다시 왔다. 나는 그녀를 위해서 차문을 열어 주고, 그녀가 탄 뒤에는 차 문을 닫았으며, 그녀를 근사한 레스토랑으로 데리고 가서 의자를 빼주고, 그녀가 관심 있는 주제에 대해 이야기를 나누었다. 저녁 식사 후에는 켈리가 원하는 재미있는 곳에 갔다.

19) Josh McDowell and Dick Day, How to Be a Hero to Your Kids (Dallas: Word Publishing, 1991), p.132.

데이트를 마칠 때마다 나는 잠깐 켈리에게 그날 밤 내가 그녀를 어떻게 대했는지, 그리고 만약 어떤 남자가 켈리를 진심으로 존중하고 배려한다면 그 또한 그녀를 이렇게 대우해야 한다는 것을 설명해 주었다. 그 이후로 나는 다른 두 딸과도 데이트를 했다. 그리고 아들 션은 아내 도티와 첫 데이트를 했다. 나는 그에게 무엇을 해야 하는지, 그녀를 어떻게 대해야 하는지, 그리고 데이트하는 동안 어떻게 그녀를 존중해야 하는지를 알려 주었다.

이러한 데이트의 밤들은 아이들에게 순결에 대한 하나님의 기준을 가르치기 위한 하나의 방편으로 사용되었다. 나는 성적 순결에 대한 하나님의 기준들을 아이들에게 말하기 위해서 텔레비전이나 영화, 시사문제 그리고 때에 따라서는 가족이나 친구들의 결혼식에서 얻게 되는 기회들을 사용했다. 심지어는 벽에 낙서로 써진 '사랑'이라는 글자를 가리키면서 하나님께서 아름답게 만드신 어떤 것을 천박한 것으로 만들어버리는 일이 얼마나 모욕적인지에 대해서 설명하고, 계속해서 결혼이라는 틀 안에 있는 성적인 순결과 거룩함에 대해 가르쳤다.

순결의 유익함을 나누라

—————— 아이들이 순결에 대한 개인적인 기준, 즉 하나님 자신의 순결함을 반영하는 기준을 세워가도록 격려하는 가장 좋은 방법 중 하나는 기회가 있을 때마다 부도덕한 삶의 결과뿐 아니라 순결의 유익함을 그들과 함께 나누는 것이다.

나는 기회가 있을 때마다 아이들에게 만족을 얻는 최고의 방법은 순결한 삶을 사는 것이고, 부도덕한 삶의 결과는 죄책감, 실망, 그리고 공허함뿐이라는 것을 가르치려고 노력했다. 하나님의 기준에 따른 순결은 원치 않는 임신과 성병으로부터 그들을 보호해 줄 뿐 아니라 마음의 평화도 얻게 된다는 것을 상기시켰다. 성적인 순결함은 성에 대한 불안함으로부터 그들을 보호할 것이고, 남편과 아내 사이에 신뢰하는 분위기를 만들어 줄 것임을 인식시키려고 했다. 나는 결혼 전과 결혼생활에서 순결을 지키는 것이 부도덕함으로 인해 야기되는 의심, 실망, 슬픔, 스트레스, 공허함, 그리고 많은 파괴적인 감정들로부터 어떻게 그들을 보호하면서 남편과 아내 사이에 참된 친밀감을 형성해 가는지를 나누었다.

언젠가 딸 케이티가 눈물을 흘리면서 "아빠, 나를 사랑해 주셔서 감사해요."라고 말했다. 그래서 "무슨 뜻이지?" 하고 물었다. "아빠는 항상 나에게 진리를 말해 줬어요." 그녀는 주저함 없이 말했다. "아빠는 성과 그 결과들에 대해서도 가르쳐 주셨어요. 잘못된 선택을 하는 아이들이 많이 있는데 그 애들은 그 결과에 대해서 깨닫지 못하고 있어요." 케이티는 그녀의 친구들과 같은 반 아이들에게도 순결의 유익함과 부도덕함의 결과들에 대해서 터놓고 대화할 수 있는 아빠가 있었으면 좋겠다고 말했다.

아버지로서 당신과 내가 해야 할 중요하고 거룩한 일이 있다. 그것은 우리의 아이들이 순결함에 대한 하나님의 기준을 깨닫고 그것을 존중하며, 자신의 삶에 반영하도록 하는 것이다. 이 일은 성령께서 우리의 삶 가운데 역사하심으로 시작되는 일이다. 성령은 또한 우리가 하는 노력들 위에 능력으로 함께하실 것이다.

우리는 아이들에게 관심과 애정을 보이고 성적인 문제들에 대해서 자유롭게 대화를 나누며 아버지 스스로가 순결하고 경건함의 본을 보일 뿐 아니라 순결하고 경건함의 기준들을 의식적으로 아이들에게 가르치고, 기회가 있을 때마다 순결의 유익함을 나누려고 노력해야 한다.

당신이 하나님의 도우심을 힘입어 이것을 하게 될 때, 당신의 아이들은 혼전 성경험을 하도록 유혹하는 동료들과 사회로부터의 압력, 그리고 자신의 육체적 충동에 대해서 저항할 힘을 갖게 될 것이다. 그들은 성에 대한 건전하고 경건한 관점을 발전시키고, 견지하도록 더 잘 준비될 것이다. 그들은 성적인 영역에서 잘못된 선택으로 인해 겪게 되는 아픔과 비극으로부터 자신을 지키게 될 것이다. 그들은 앞으로의 결혼생활에서 배우자에게 신실함을 지키는 삶을 살도록 더 잘 준비하게 될 것이다.

뿐만 아니라 당신은 당신 자녀들과 더욱 친밀한 관계를 맺게 될 것이며, 그렇게 됨으로써 당신은 하나님 아버지가 당신에게 바라시고 당신 또한 되기를 원하는 그런 아버지가 될 것이다.

묵상, 토의 그리고 실천을 위한 질문들

1. 당신의 아이들이 성에 대해서 동료들로부터 어떤 영향을 받고 있다고 생각하는가? 대중 매체로부터는? 당신으로부터는? 구체적으로 쓰라.

_____

_____

_____

2. 이 장에서 언급한 순결에 대한 하나님의 기준들을 세우기 위한다섯 가지 전략들을 복습하라. 그 다섯 가지 영역에서 당신은 현재 얼마나 수행하고 있는지를 다음 문장 아래에 표시를 하라.

· 나는 아이들에게 관심을 기울이고 애정을 표현한다.

_____

전혀 하지 않음   때때로   항상

· 나는 성적인 문제들에 대해서 열린 태도로 대화한다.

_____

전혀 하지 않음   때때로   항상

· 나는 순결에 대한 하나님의 기준들을 따라 산다.

_____

전혀 하지 않음   때때로   항상

· 나는 순결에 대한 하나님의 기준들을 가르친다.

전혀 하지 않음   때때로   항상

· 나는 순결의 유익과 부도덕한 삶의 결과들에 대해서 이야기한다.

전혀 하지 않음   때때로   항상

3. 위의 다섯 가지 영역에서 당신이 향상시키고 싶은 두 영역을 선택하고, 그것을 위해 할 수 있는 것들을 생각해 보라. 이 장에서 언급했던 제안이나 예들에서 당신이 참조할 수 있는 어떤 것들이 있는가? 만약 있다면 그것들에 밑줄을 긋고, 그것들을 가능한 대로 빨리 실행하기 위해 계획을 세우라.

---

*4. 다음 6주 동안 당신 아이들 각자와 '아빠와의 데이트'를 두 번 이상 가져보라. 그들이 원하는 것을 계획해 보라. 그런 다음 그 시간 동안 그들에게 최대의 관심을 기울이라. 두 사람 모두에게 재미있는 시간이 되게 하라.

첫 번째 데이트에서 무엇을 할 것인가?

_____

_____

언제 첫 번째 데이트를 할 것인가?

_____

_____

두 번째 데이트에서 무엇을 할 것인가?

_____

_____

언제 두 번째 데이트를 할 것인가?

_____

_____

5장

내가 닮고 싶은 아버지의 성품

진실한 아버지

THE FATHER CONNECTION

딸 켈리가 초등학교 4학년이었을 때, 선생님이 교실에서 나간 사이에 학생들 몇 명이 선생님 책상에 있는 물건을 집어 들었다. 그것을 가지고 놀려고 한 것인데, 그만 깨뜨리고 말았다. 그래서 선생님 책상 위에 다시 올려놓았다.

선생님이 교실에 돌아왔을 때 그 물건이 부서진 것을 발견했고, 그녀는 켈리의 친구들 중 하나에게 어떻게 된 일인지를 물었다. 켈리의 친구는 동료들의 압력에 못 이겨 거짓말을 했다. 다음으로 선생님은 켈리에게 물었고, 동료들이 자신들의 잘못을 숨기기 위해서 다른 친구에게 했던 것처럼 무언의 압력을 가했음에도 불구하고 켈리는 선생님의 물음에 정직하게 대답했다.

다음날 아침에 나는 켈리를 데리고 우리가 자주 가는 레스토랑으로 가서 "네가 자랑스럽다."고 말했다. 왜냐하면 켈리가 반에서 동료들로부터 받을 수 있는 괴롭힘과 따돌림에 대한 압력에도 불구하고 올바르게 행했기 때문이었다.

나는 우리 아이들이 정직하고 성실하게 행하는 것을 볼 때 기쁘고 자랑스러웠다. 왜냐하면 이러한 성품이 아이들에게서 얼마나 찾아보기 힘든지를 알고 있었기 때문이다.

부정행위는 오늘날 고등학교 학생들 사이에서 만연되어 있다. 평점이 A 혹은 B인 고등학교 학생들을 대상으로 한 설문조사에서 80% 정도의 학생들이 다른 학생의 숙제를 베끼든지 시험에서 부정행위를 하는 등 정직하지 않았다는 것을 인정했다.[20] 십대와 이십대를 대상으로 한 전국적인 설문조사에 의하면 거의 절반에 해당하는 44%가 "거짓말은 때에 따라 필요하다."고 믿고 있다.[21] 몇몇 학교와 단체에서는 십대들이 상점에서 물건을 슬쩍 훔치는 것이나 다른 형태의 도둑질이 유행이 되어 있다.

이런 행동이나 태도는 단지 '문제아'들에 한정되지 않는다. 놀랍게도 이런 문제들은 교회를 다니거나 그리스도인이라고 말하는 아이들 그리고 기독교 가정에서 자란 아이들에게도 일상적으로 나타나고 있다.

"옳고 그름을 분별하라."Right from Wrong는 캠페인을 시작하게 된 동기가 되었던 조사에 의하면 그리스도인 십대들 가운데서 속임과 부정직함이 충격적일만큼 높은 수치를 기록했다. 복음주의 교회를 다니는 3,795명의 십대들을 대상으로 한 설문조사에 의하면 세 명 중 두 명66%은 지난 세 달 동안 '부모와 선생님 혹은 다른 어른들'에게 거짓말을 한 적이 있다고 답했다. 삼분의 일 이상이36% 같은 세 달 동안에 시험과 다른 평가들에서 부정행위를 한 적이 있다고 답했고, 육분의 일15% 정도가 최근에 돈이나 다른 물건들을 훔친 적이 있다고 말했다.

이 연구는 우리의 젊은이들이 속임수를 성공하기 위한 쉬운 방법으

나도
아버지를
닮고
싶어요

20) "Top High School Students Admit They Have Cheated," Associated Press story appearing in the Hamilton JournalNews (October 20, 1993).
21) George Barna, The Invisible Generation (Glendale, CA: Barna Research Group, 1992), p.81.

로 보고 있음을 시사한다. 그들은 동료들에게 인기를 얻고 부모로부터 동의를 얻어내기 위해 부정직한 방법을 사용한다. 그들은 자신의 행동이 잘못된 것이라는 생각조차 하지 않고, 거짓말이 가져오는 부정적인 결과나 정직으로 인한 긍정적인 결과들을 거의 보지 못한다.

그러나 당신의 아이들이 이들보다는 더 낫기를 바라지 않는가? 당신은 당신의 아들과 딸이 진실한 사람이 되기를 원한다. 그들이 당신에게나 다른 사람들에게 부정행위를 하거나 거짓말을 하는 자가 되지 않기를 바란다. 그들이 불법적으로 음악을 다운로드 한다거나 근무시간을 속이는 것 뿐 아니라 자신의 것이 아닌 물건을 훔치는 자가 되기를 원치 않는다. 그들이 진실을 말하며 조용하고 정직한 삶을 살며, 자신의 일에 충실하고, 매일의 일상생활에서 다른 사람들로부터 존경받는 삶을 살기를 원한다.^{살전 4:11-12} 당신은 그러한 삶을 살도록 가르치고 훈련시키며 본을 보이는 아버지가 되기를 원하며, 자녀들이 아버지의 정직함과 신실함을 기억하며 정직한 아버지라고 존경하는 아버지가 되기를 원한다. 당신은 하나님 아버지와 같은 아버지가 되기를 원한다.

하나님 아버지의 형상

————— 하나님은 수천 년 전 시나이 반도의 외진 산에서 모세에게 나타나셔서 이렇게 명령하셨다.

"도적질하지 말라. 네 이웃에 대하여 거짓 증거하지 말라."^{출 20:15-16}

하나님은 모세에게 계시하는 과정에서 이 계명들을 반복하고, 확대하고, 적용하여 말씀하셨다.

> "너희는 도적질하지 말며 속이지 말며 서로 거짓말하지 말며 거짓 맹세하지 말라…네 이웃을 억압하지 말며 착취하지 말라."레 19:11-13

하나님은 그의 백성들에게 계명을 주심으로 거짓말하고 속이며 훔치는 것은 잘못된 것이라는 것을 매우 분명하게 가르치시려고 하셨다. 그러나 또한 이 계명들은 하나님이 소중히 여기시는 원리를 드러내고 있다. 그것은 진실하고 투명하여 신뢰할 만한 가치가 있는 정직함의 원리이다. 하나님은 정직함을 소중히 여기신다. 솔로몬은 이렇게 말했다. "거짓 입술은 여호와께 미움을 받아도 진실하게 행하는 자는 그의 기뻐하심을 받느니라."잠 12:22

정직함의 원리 자체가 본질적으로 가치가 있다기보다 하나님의 본성과 성품으로부터 흘러나오는 것이기 때문에 그것은 하나의 덕목이 되는 것이다. 이 장을 시작할 때 어려운 상황에서 정직함을 선택했던 나의 딸을 격려하기 위해서 외식을 하러 갔던 것을 기억하는가? 나는 딸의 올바른 행동을 단순히 칭찬하는 것보다 더 많은 것을 그날 아침에 해주고 싶었다.

나는 켈리에게 그녀가 자랑스럽다고 말한 후에 물었다. "켈리, 왜 거짓말을 하는 것이 나쁘지?" "왜냐하면 성경이 거짓말을 하는 것이 나쁘다고 말하니까요." 그녀는 자신 있게 대답했다. "그러면 왜 성경은 거짓말하는 것이 나쁘다고 말할까?" "하나님이 그렇게 명령하셨기 때문이죠." "그러면 왜 하나님께서는 그렇게 명령하셨을까?"

켈리는 마치 내가 외국어로 질문을 한 것처럼 의아한 표정으로 나를 쳐다보았다. 그리고는 마침내 이렇게 대답했다. "잘 모르겠어요."

나는 그녀의 손을 잡고 눈을 바라보았다. 내가 지금 켈리에게 말하려고 하는 것을 그녀가 이해하고 기억해 주기를 바랐다.

"왜냐하면 하나님은 진리이시기 때문이야. 진리는 하나님의 속성에서 나오고, 하나님의 속성에 모순되는 모든 것은 죄란다."

정직함이 옳고 부정직함이 잘못인 이유는 단지 한 가지 이유 때문이다. 그것은 하나님이 진리이시기 때문이다. 진리는 하나님이 행하시는 어떤 것도 아니고, 하나님이 소유하고 있는 것도 아니다. 진리는 그분의 일부분이다. 호렙 광야에서 모세는 이렇게 노래했다.

"그는 반석이시니 그가 하신 일이 완전하고 그의 모든 길이 정의롭고 진실하고 거짓이 없으신 하나님이시니 공의로우시고 바르시도다."신 32:4

그는 "거짓이 없으신"딛 1:2 하나님이시다. 당신은 그분의 약속을 믿을 수 있다. 왜냐하면 하나님은 거짓말을 하실 수 없는 분이시기 때문이다.히 6:18 정직이라는 성품이 세상의 관심을 끌지 못한다 할지라도 고대 로마의 시인 유베날리스Decimus Junius Juvenalis가 말했던 것처럼 영원히 변치 않는 우주적인 진리의 기준은 존재한다. 성경은 다음과 같이 말한다. "사람은 다 거짓되되 오직 하나님은 참되시다 할지어다."롬 3:4

하나님은 참되시기 때문에 거짓말하는 것은 하나님의 성품을 거스르는 죄이다. 하나님은 참되시기 때문에 부정행위는 하나님을 모욕하는 것이다. 하나님은 참되시기 때문에 도적질은 하나님을 욕되게 하는 것이다. 하나님은 참되시기 때문에 그분 안에는 거짓이 전혀 없다. 그분의 성품이 그러하기 때문에 정직은 도덕적인 것이고, 부정직함은 사기 행위이며, 도적질은 악한 것이다.

나는 아이들이 하나님은 참되시며, 하나님과 같은 것은 무엇이든지 선하고, 하나님과 같지 않은 것은 무엇이든지 악하다는 것을 알기를 바란다. 나는 아이들을 키우면서 참되신 하나님의 형상을 보여 주기를 원하며 아이들이 정직하고 진실하게 살므로 그분의 형상을 닮기를 원한다. 나는 아이들이 왜 정직이 최선의 방책인지 그 이유를 이해하기를 바란다. 왜냐하면 정직은 하나님을 기쁘시게 하고, 그의 본성을 반영하며, 다른 사람에게 하나님의 형상을 나타내기 때문이다.

이렇게 아이들을 양육하기 위한 핵심은 우리가 이야기해 왔던 "하나님 아버지와의 결속"이다. 먼저 우리들은 기도와 묵상과 순종을 통해 하나님 아버지와 결속되어야 한다. 그런 다음 하나님 아버지의 형상을 다음에서 제시하는 것처럼 분명하게 드러냄으로써 우리의 자녀들이 하나님과 결속을 이루도록 도울 수 있다.

1. 진실한 삶의 본을 보이라

하나님께서는 이스라엘 백성들에게 어떻게 자녀들에게 진리를 가르치는지 그 본을 보여 주셨다. 그는 다음과 같이 말씀하셨다.

> "이스라엘아 들으라 우리 하나님 여호와는 오직 유일한 여호와이시니 너는 마음을 다하고 뜻을 다하고 힘을 다하여 네 하나님 여호와를 사랑하라. 오늘 내가 네게 명하는 이 말씀을 너는 마음에 새기고 네 자녀에게 부지런히 가르치며 집에 앉았을 때에든지 길을 갈 때에든지 누워 있을 때에든지 일어날 때에든지 이 말씀을 강론할 것이며 너는 또 그것을 네 손목에 매어 기호를 삼으며 네 미간에 붙여 표로 삼고"신6:4-8

하나님께서는 우리에게 정직함과 같은 성경적인 가치를 우리의 자녀들에게 가르치기 원한다면 이러한 가치들을 삶을 통해서 본으로 보여야 할 것을 분명히 하셨다. 하나님의 말씀을 아이들의 마음과 정신에 새기기 전에 먼저 우리의 마음에 새겨야만 한다. 데니스 레이니Dennis Rainey는 『잡초를 뽑고 씨를 뿌려라Pulling Weeds, Planting Seeds』라는 그의 책에서 그의 아버지에 대해 이렇게 말하고 있다.

> 예민했던 한 소년으로서 나는 아버지가 생각하는 것 이상으로 아버지의 삶을 지켜보고 있었다. 또한 위험한 십대 시절을 보내는 동안 아버지는 내가 필요로 하는 본이 되셨고, 나의 영웅이셨다. 지금도 여전히 그렇다. 그는 열심히 일하는 것과 맡은 일을 완수하는 것의 중요성을 나에게 가르치셨다. 나는 아버지로부터 끝까지 헌신하는 것에 대해 배웠다. 때문에 나는 부모님이 이혼할지 모른다는 생각으로 두려워할 필요가 없었다. 아버지는 어머니에게 신실한 남편이었다. 나는 안전함과 보호받고 있다고 느낄 수 있었다.
> 가장 중요한 것은 그가 나에게 성품에 대해 가르쳐 주셨다는 것이다. 그는 아무도 보지 않을 때에도 옳은 일을 행하셨다. 나는 아버지가 세금을 속여서 납부하는 것에 대해 들어보지 못했다. 아버지는 정직하게 세금을 내셨고, 그것 때문에 불평하지 않으셨다. 그는 진실한 분이었다. 나는 그가 거짓말하는 것을 들어보지 못했으며, 그는 우리도 이와 같이 진실하게 살도록 요구하셨다. 내 마음에 형상화된 아버지의 이 같은 성품은 지금까지도 나의 삶에 힘을 주는 원동력이다.[22]

우리 모두는 이것을 원하지 않는가? 우리는 자녀들이 하나님 아버지의 형상을 우리 안에서 볼 수 있기를 원한다. 이것은 당신 딸이 도적질하기를 원치 않는다면 종업원이 음식 값을 잘못 계산했을 때에라도 당신은 정확한 금액을 지불해야만 한다는 것을 의미한다. 당신의 아들이 부정행위를 하는 것을 원치 않는다면 사무실에서 동료의 아이디

---

22) Dennis Rainey, Pulling Weeds, Planting Seeds (San Bernardino, CA: Here's Life Publishers, 1989), pp. 29-30.

어를 자신의 것으로 도용하려고 시도해서는 안 된다는 것이다. 당신의 자녀들이 거짓말하기를 원치 않는다면 자신이 어렵고 불편하며 불리한 상황에 처한다 할지라도 솔직하게 진실을 말해야만 한다. 당신의 자녀들이 주위에 있을 때나 없을 때라도 당신은 반드시 이와 같이 행해야 한다. 왜냐하면 그들은 당신이 알고 있는 것보다 훨씬 더 가까이서, 더 자주 당신을 지켜보고 있기 때문이다.

2. 정직성과 투명성을 키우라

내 친구 웨이크필드는 아들 조엘이 잘못된 선택의 결과로 어려움을 겪었던 시간에 대해서 이야기했다.

어느 날, 그들은 함께 산책을 했고, 조엘은 아버지에게 자신이 고민하고 있던 문제들을 털어놓았다. 함께 걸으면서 웨이크필드는 과거에 자신이 비슷한 상황에서 지혜롭지 못한 선택을 했고 그 결과로 겪었던 일들에 대해서 조엘과 나누기 시작했다.

웨이크필드는 자신의 이야기를 나눔으로써 조엘의 잘못된 행동을 용인한 것은 아니지만 그를 정죄하지도 않는다는 것을 알도록 도왔다. 웨이크필드가 그에게 정직하고 투명하게 대함으로써 조엘은 그의 아버지가 자신을 판단하는 자가 아니라 동료와 돕는 자가 되기를 원한다는 것을 알게 되었다. 이는 조엘로 하여금 더욱 열린 마음으로 아버지의 도움을 받아들이게 했고, 웨이크필드는 아들이 그 상황을 다시 생각하도록 도울 수 있었다.

우리 아이들을 정직하게 키우기 위해서는 아이들 앞에서 정직한 모습을 보여 주어야 한다. 앞에서 인용했던 교회를 다니는 아이들을 대상으로 한 설문조사에 의하면 37%, 즉 세 명 중 한 명은 자신의 부모들이 잘못했다고 인정하는 말을 거의 듣지 못했거나 전혀 듣지 못했다고 말했다. 만약 우리 자신이 정직하지 못하다면 아이들에게 정직하라고 말하는 것은 아무런 도움이 되지 않는다. 잘못을 인정하는 것이 얼마나 힘든 것인지 알고 있다. 그러나 아이들이 정직을 소중하게 여기도록 키우고 싶다면 그것은 꼭 필요한 일이다.

우리가 캘리포니아로부터 텍사스로 이사를 한 후, 열다섯 살이었던 케이티는 그 후유증으로 인해 오랫동안 힘들어했다.

어느 날 밤, 케이티는 자신이 가진 불만에 대해서 이야기했다. 나는 속이 상해서 다소 잔인한 말을 몇 마디하면서 그녀에게 엄격하게 대했다. 케이티는 자기 방으로 들어갔고 나는 잠자리에 들었다.

약 십오 분쯤 후에 아내 도티가 들어와서 나를 깨웠다. 그리고 "당신이 케이티에게 가서 사과하세요. 당신이 말한 것 때문에 케이티가 상처를 많이 받았어요."라고 말했다. 나는 졸려서 (또 자존심이 상해서) "지금 말고 내일 아침에 할게요."라고 말했다. 그러자 아내는 "아니요. 지금 해야 돼요."라고 했다. 그래서 나는 옷을 입고 케이티 방으로 가서 사과를 했다. 내가 친절하게 대하지 않고 심하게 말했던 것에 대해서 사과를 했고, 미안하다고 했다. 힘들었지만 정직하게 딸에게 사과를 했던 그 순간들이 내가 할 수 있는 어떤 것보다 딸과의 관계를 향상시켰고, 또한 그녀가 정직함에 대해서 더 많은 것을 배우게 했다고 나는 믿는다.

우리가 잘못을 했을 때 그것을 하나님과 우리 아이들에게 정직하게 고백하고 가능하다면 빨리 수정해서 올바른 길로 가는 것이 필요하다. 아이들은 그런 모습을 존경하고 기억할 것이며, 그것을 본받을 것이다.

3. 정직을 가르치라

내가 "옳고 그름을 분별하라"는 캠페인을 하면서 미국 전역의 교회들에서 강연을 할 때, 강연에 참석한 수백 명의 고등학생과 대학생들로 하여금 강단으로 올라오도록 했다. 그리고 청중들 앞에서 "당신은 그리스도인입니까?"라고 물었다. 그들 대부분은 "예."라고 대답했다.

그러면 나는 다시 이렇게 물었다. "당신의 부모님도 예수님을 믿으세요?" 대부분의 학생들은 "예."라고 대답을 했다. 그런 다음 나는 물었다. "만약 당신이 거짓말을 하면 아주 힘든 상황에서 빠져나올 수 있다고 가정해 봅시다. 그렇다면 거짓말을 하겠습니까?" 나는 전교인 앞에서 "나는 거짓말을 하지 않겠다."라고 말하는 사람을 언제 보았었는지 기억할 수도 없다.

캐나다에 있는 큰 바이블 칼리지Bible College를 방문했을 때, 나는 이곳에 있는 학생들은 다를 것이라고 생각했다. 그러나 강단에 올라왔던 한 학생은 삼천 명의 청중들 앞에서 "예, 저는 아마 거짓말을 할 것 같아요."라고 대답을 했다(적어도 그는 부정직할 수도 있다는 사실에 대해서 정직하게 말했다.).

젊은이들이 거짓말을 할지도 모른다고 인정하고 난 후 나는 다시 물었다. "부모님이 거짓말은 옳지 않다고 가르쳤나요?" 그들은 "예."라고 대답을 했다. 나는 계속해서 질문을 했다. "그러면 부모님이 거짓말이 옳지 않다는 것을 어떻게 가르치셨나요?" 예외 없이 대답은 동일했다. "성경이 그렇게 말하고 있기 때문에 거짓말을 하지 말아야 한다고 하셨어요." 그러면 나는 이 대화에서 가장 중요한 질문을 던졌다. "왜 성경은 거짓말을 하지 말라고 했죠?" 나는 이 질문에 대답하는 사람을 한 사람도 보지 못했다.

이것이 무엇을 의미하는지 아는가? 예를 들면, 우리 아이들은 "거짓 말 하지 말라."는 계명은 알고 있다. 그러나 그것이 아이들이 아는 전 부이다. 그들은 온전한 진리를 보지 못하고 있다. 그 계명의 뒤에 계 신 가장 중요한 인격체를 보지 못하고 있다. 그러므로 나는 기회가 있 을 때마다 정직의 가치를 아이들에게 가르쳐야 하고 정직하게 사는 것 이 옳은 이유는 하나님이 참된 분이시기 때문이라는 사실 또한 가르 쳐야 한다고 믿는다.

만약 모든 사람이 하나님처럼 정직하게 산다면 이 세상이 얼마나 달라질 수 있을 것인지를 이야기하기 위해서 텔레비전 뉴스를 활용할 수도 있고, 이웃에서 자동차 경보장치가 울릴 때 그것을 활용할 수도 있다(예를 들면, 우리는 물건들에 자물쇠를 채울 필요도 없고, 사슬로 묶을 필 요도 없으며, 경보장치를 설치할 필요도 없을 것이다.). 이러한 기회들을 통 해 하나님이 참되신 분이시고, 진리가 충만하시며, 우리가 정직히 행 할 때 하나님을 영화롭게 하는 것임을 아이들이 이해하도록 가르칠 수 있다.

당신은 쇼핑을 하면서도 정직에 대한 하나님의 기준에 대해서 가 르칠 수 있다. 아이들이 쇼핑한 물건 값을 지불하게 하거나 자판기에 돈을 넣게 하라. 그런 다음 정직하게 행하는 것이 왜 '최선의 방책'인 지에 대해서 잠시 동안 함께 이야기하라. 좀 더 큰 아이들과는 상점 들이 얼마나 자주 값을 올림으로써 도둑맞은 물건을 보상하려고 하는 지, 그리고 이런 것들이 어떻게 하나님의 이상을 무산시키는지에 대 해서 토의할 수도 있다.

4. 정직하도록 격려하라

아이들이 아직 어렸을 때, 우리 부부가 어떤 상황에 대응하는 방식이 사실상 그들을 부정직하게 행동하도록 조장하고 있다는 것을 깨달았다. 예를 들어서, 우리가 방에 들어갔을 때 아이와 깨어진 램프가 있는 것을 본다면 우리는 항상 이렇게 물었다. "네가 저 램프를 깨뜨렸니?" 혹은 울고 있는 한 아이와 그 아이에게 울음을 그치라고 말하고 있는 다른 아이를 본다면 우리는 항상 근심스러운 표정으로 "네가 동생을 때렸니?"라고 물어본다.

어느 날, 우리는 아이들을 이런 식으로 다루면 그들이 정직하게 대답하기가 매우 어렵다는 것을 알게 되었다. 우리는 아이들이 마음 속으로 생각하는 것을 읽을 수 있었다. "나는 저 질문의 정직한 답을 알고 있어. 그러나 그렇게 말한다면 나는 곤란해질 거야. 우선 거짓말을 하고 그게 통하는지를 보는 게 좋겠어."

우리가 질문하는 방식이 아이들로 하여금 부정직하게 행하도록 조장하고 있었다. 그들은 거짓말을 할 수밖에 없는 불편한 상황에 놓였던 것이다. 그래서 우리는 그들이 정직하게 답할 수 있는 더 좋은 기회를 주기로 했다. 우리는 진지하게 그러나 화를 내지 않고 이처럼 물어보기 시작했다. "네가 그 램프를 깨뜨렸구나. 그렇지?" 혹은 "왜 네 동생을 때렸니?" 우리가 이전에 했던 질문들이 부정직을 조장했다면, 새로운 질문방법은 정직한 답을 유도하는 것이었다.

후에 우리는 아이들이 정직하게 행동하도록 돕는 여러 가지 방법들을 발견했고, 아이들에게 설교하고 비판하며 논쟁을 하는 것은 효과적인 접근방법이 아니라는 것도 알게 되었다. 우리가 아이들에게 규칙과 규율들의 목록을 가지고 이야기하고 싶은 유혹을 받을 때 그것

나도
아버지를
닮고
싶어요

100

을 자제하는 것이 필요하다. 가끔 아이들이 완고하게 불순종할 때 우리가 진노한다는 것을 느낄 필요가 있다. 그러나 그런 경우는 자주 있어서는 안 된다. 아이들의 장점과 긍정적인 자질들을 칭찬하는 말과 균형을 이루어야 한다.

5. 정직한 행동에 대해 보상하라

초보 아버지였을 때 나는 훌륭한 아버지가 아니었다. 부모의 일은 아이들이 죄를 짓지 못하게 하면 된다고 생각했다. 나는 스스로에게 이렇게 말했다. "내가 매를 아껴서 아이들을 망친다면 그것은 하나님을 기쁘시게 하는 것이 아니야." 아이들을 학대하지는 않았지만, 당시 초보 아버지 시절의 나는 아이들이 올바른 일을 했을 때에는 거의 칭찬을 하지 않은 반면, 무엇인가 잘못을 저지르면 거의 매번 재빠르게 야단을 쳤다.

예를 들어, 내가 서재에서 책을 쓰고 있었는데, 정말로 글이 물 흐르듯이 잘 써지고 있었다고 하자. 그때 도티가 들어와서 "여보, 션이 학교에서 성적표를 받아왔는데 모두 A예요."라고 했다. 나는 아마도 이렇게 대답했을 것이다. "정말 잘했군. 나는 지금 한창 글 쓰는 중이니까 나중에 저녁 먹을 때 션을 칭찬할게."

저녁을 먹으면서 나는 성적표에 대해서 아들을 칭찬할 수도 있겠지만, 기억을 못할 수도 있다. 그러나 만약 도티가 서재에 들어와서 "여보, 션이 케이티가 자기 방에 들어온다고 케이티를 때렸어요."라고 말했다면 나는 바로 책상에서 벌떡 일어나서 그 문제를 다루었을 것이다. 갑자기 잘 써지고 있던 글은 중요하지 않아진다. 그 문제를 다루기 위해 저녁 시간까지 기다릴 수도 없을 것이다. 나는 즉시 그 문제를 다루어야 했을 것이다.

최근에 전국을 다니면서 많은 청소년들과 대화를 나누었고, 이십 명 중에 열다섯 명 정도의 아이들이 자기네 집에서도 정확하게 같은 일이 벌어지고 있다고 말했다. 그들이 나쁜 짓을 할 때 훨씬 더 빨리 부모의 관심을 얻을 수 있다는 것이다.

큰 딸이 열 살이 되어서야 비로소 나는 자신이 무엇을 하고 있는지를 깨달을 수 있었다. 나는 『1분 경영자 *The One Minute Manager*』라는 책을 읽었다. 저자는 그 책에서 종업원들이 "일을 올바르게 하는 것을 포착하기 위해" 그들 주위를 계속해서 돌아보라고 경영자들을 격려한다. 그렇게 함으로써 종업원들의 수고에 대해 감사하고 격려해 줄 수 있기 때문이다. 그 구절은 나에게 큰 깨달음을 주었고, 아버지로서 나에게 새로운 모토로 적용되었다. "당신의 아이들이 올바로 행하고 있는 것을 포착하기 위해 노력하라."

션이 쓰레기통을 밖으로 내어놓는 것을 보면 "션, 쓰레기통 비우는 일을 잊지 않고 있어서 고마워."라고 말했고, 켈리가 숙제를 하고 있는 것을 보면 "켈리, 네가 공부를 열심히 하니까 너무 기뻐."라고 했다. 케이티의 방에 들어갔을 때 케이티가 장난감을 정리하는 것을 보면서 "케이티, 네 물건들을 잘 정리해 줘서 고마워."라고 했다. 아이들이 잘하고 있는 것들을 찾으려고 했던 노력들은 아이들에 대한 나의 태도에 크게 영향을 미쳤고, 또한 그것은 아이들의 긍정적인 행동을 강화시켰다고 생각한다.

나는 특히 정직한 태도와 행동과 관련해서 이것을 적용하려고 애썼다. 아이들이 정직하게 행할 때를 포착하기 위해서 노력했고, 정직한 행동에 대해 상을 주었다. 그것은 꼭 영웅적으로 보이는 거창한 정직함일 필요는 없다. 그저 단순히 상점에서 돈을 제대로 지불하거나 자신의 할 일들을 태만히 했다고 인정하거나 빚을 신속히 갚는 그런 일들이다. 그러면 감사의 표시와 경우에 따른 보상, 이를테면 하룻밤 취침시간을 늦추어 준다든지 매주 주는 용돈에 보너스를 지불함으로 "나는 너의 정직함을 귀하게 여긴다."라는 사실을 전달한다.

6. 정직의 유익함을 나눠라

나는 또한 정직과 진실이 우리를 보호하고 우리의 필요를 채워 준다는 것을 가르치기 위해서 모든 기회를 활용했다. 나는 정직에 대한 하나님의 기준이 그들에게 상처를 주거나 세상에서 출세를 하지 못하도록 막는 것이 아니라 실제적인 이익을 가져올 수 있다는 것을 보여 주기 위해 노력했다. 예를 들어, 정직에 대한 하나님의 기준에 주위를 기울이는 젊은이들은 죄책감으로부터 자유로워질 것임을 그들에게 상기시켰다. 당신이 정직하다면 불안한 마음으로 주위를 돌아볼 필요가 없는 것이다. 나는 그들에게 "진리를 말하는" 젊은 그리스도인은 하나님을 향한 "깨끗한 손과 청결한 마음"시24:4을 가진 자들이 받는 상을 거둘 것이라고 가르쳤다.

나는 한 사람의 정직한 습관이 속이는 자들의 거짓이 드러났을 때 오는 수치와 난처함으로부터 보호해 준다는 것을 아이들이 알 수 있도록 도우려고 애썼다. 나는 부정행위로 얻는 이득은 공허하고 일시적이며 정직한 행동으로 인해 오는 성취감은 만족감을 주며 오랫동안 지속된다는 것을 깨달을 수 있도록 돕고자 했다.

나는 또한 정직에 대한 하나님의 기준이 온전한 사람이라는 평판을 얻게 한다는 것을 가르치고자 했다. 성경은 "많은 재물보다 명예

를 택할 것이요 은이나 금보다 은총을 더욱 택할 것이니라."잠 22:1라
고 말하고 있다.

나는 정직에 대한 하나님의 기준이 어떻게 인간관계를 보호하며 풍
요롭게 하는지 아이들이 이해하도록 도왔다. 인간관계의 기초는 서로
를 향한 신뢰를 바탕으로 세워진다. 신뢰는 거짓의 분위기에서는 형
성될 수 없다. 신뢰는 평생 동안 지속되는 성공적인 관계 형성을 위해
필수적인 요소이다. 신뢰는 결혼 서약이나 사업상 맺는 계약에 대한
불안감을 없애 주고 더욱 견고하게 만든다. 나는 우리 아이들이 신뢰
라는 견고한 기초 위에서 모든 관계들이 향상되고 풍요롭게 된다는 사
실을 깨닫기를 원했고, 이것은 돈으로 살 수 없는 것이며, 부정직으로
얻을 수 없는 것이라는 사실을 깨닫기를 원했다.

7. 자녀들이 정직에 대한 하나님의 기준을 내면화하도록 도우라

하나님 아버지 모습을 닮기를 원하는 아버지가 제일 먼저 해야 할
일은 우리 아이들이 정직에 대한 하나님의 기준을 내면화하도록 돕
는 일이다. 아이들은 우리의 삶에서 경건한 가치관을 보고 또한 우리
가 확신 있게 말하는 것을 들을 수 있다. 그러나 그들이 경건한 가치
들을 자신의 것으로 받아들이지 않는다면 아직도 그들은 세상의 유혹
에 취약할 것이다.

우리 자녀들이 무엇이 옳다는 것을 알면서도 잘못된 태도를 가질 수
있다. 우리의 목표는 우리의 아이들이 예수 그리스도를 경외하고, 예수
그리스도와의 관계를 통해 순종을 배우고, 책임 있고 열매 맺으며 다른
사람들을 돕는 삶을 살도록 내적인 동기를 유발하는 것이다.요 14:21-24

가치를 내면화하기 위해서는 일련의 과정을 거쳐야 한다. 첫 단계는

지식information이다. 나는 아이들에게 정직에 대해 가르치고, 정직의 유
익에 대해서 나누는 등 지식을 전해 주기 위해서 많은 시간을 보냈다.

그러나 여기서 그쳐서는 안 된다. 진리와의 상호작용interaction이 그
다음 단계이다. 나는 아이들에게 그들이 배운 지식들이 타당한지 그
리고 다양한 상황에서 어떻게 적용할 수 있는지를 알기 위해서 시험해
보라고 했다. 당신은 아버지로서 은혜롭고 사려 깊게 그리고 적극적
으로 아이들과 이야기함으로써 이 과정을 함께할 수 있다. 아이들에게
질문하고 그들이 질문하도록 격려하라. 새로운 통찰력, 새로운 사실,
새로운 진리를 찾으라. 아이를 위해서 하지 말고, 아이와 함께하면서
그가 확실한 근거 위에 확신을 세울 수 있도록 이끌어 주라.

세 번째 단계는 지식을 전하고, 진리와의 상호작용 후에 그 결과로
얻게 된 것들을 그들의 삶에 '실행'하는 것이다. 나는 그들이 배우거
나 스스로 조심스럽게 시험하고 경험함으로써 발견한 것들을 실천하
도록 도왔다. 나는 다음과 같은 질문을 했다. "이것이 너의 매일의 행
동에 어떻게 영향을 미칠까?" 혹은 "이것이 네가 운전하거나 혹은 일
을 하는 데 혹은 선생님들을 대하는 태도에 어떻게 영향을 미칠까?"

다시 말하자면 내면화하는 과정은 첫째, 지식을 전해 주는 것, 둘째,
연구를 통한 진리와의 상호작용, 셋째, 실제적인 방법으로 진리를 실
천하는 것을 포함한다. 이것은 평생 동안 해야 하는 일이다.

자신의 가치관을 형성하는 일은 십대 초기에 시작된다. 어린 아이
들은 추상적인 사고를 처리할 만큼 정신적인 성숙함을 갖고 있지 못하
다. 그러나 아버지가 어린 시절 동안에 정직에 대한 하나님의 기준을
본을 통해 보여 주고 가르친다면 아이들은 이것들을 미래를 위해 저장
하게 된다. 아이들이 십대로 자라가면서 그들이 하나님의 기준을 내

면화하고 자기 것으로 삼도록 돕는 과정은 보다 상호적인 것이 된다.

여러분과 나누고 싶은 내면화를 위한 중요한 원리 한 가지는 이것이다. 우리 아이들의 가치체계는 우리 자신의 가치체계와 똑같을 필요는 없다. 우리는 우리 자신의 복제품을 만들고 있는 것이 아니다. 아이들 개개인은 독특하고 독립된 인격이다. 그들은 특정한 주제들에 대해서 다른 생각들을 가질 수 있고, 다른 문제들에 더 강하게 호기심을 가질 수도 있으며, 가끔은 우리의 의견에 동의하지 않을 수도 있다. 그러면서도 그들이 고수하는 가치들은 여전히 성경적인 기준들을 따르는 것일 수 있다. 그들이 하나님과의 관계가 견고하고 분명한 성경적인 기준들에 어긋나지 않는다면 당신과 다르게 생각할 수 있도록 자유를 주라. 자녀들의 가치관을 존중해 주거나 혹은 적어도 그런 가치관을 가질 권리를 존중해 주는 부모를 가진 아이들은 행복한 아이들이다.

우리는 이 장에서 일곱 가지 전략에 대해 논의했다. 이 같은 전략들은 당신이 되기를 원하는 아버지가 되기 위해 가는 오랜 여정에서 하나님의 도우심과 함께 당신을 도울 수 있을 것이다.

이 전략들은 당신의 자녀들이 진실한 삶을 사는 사람이 되고, 정직하다는 평판으로 인해 다른 사람에게 존경과 상을 얻게 할 것이고, 정직한 성취는 가치 있지만 부정직하게 얻은 것은 공허하다는 것을 아는 그러한 자녀들로 양육할 수 있도록 도와줄 것이다.

또한 이 전략들은 당신이 정직한 삶의 가장 큰 보상 중 하나인 '신뢰할 수 있는 자녀'를 즐길 수 있도록 도와주는 반면, 당신의 자녀들은 부정직한 결과들을 피해 갈 수 있게 양육하도록 도와줄 것이다. 또한 당신의 자녀들을 육신의 아버지의 형상뿐 아니라 하나님 아버지의 형상을 반영하는 사람들로 양육할 수 있게 해줄 것이다.

묵상, 토의 그리고 실천을 위한 질문들

1. 이 장에서(p.92-93) 조시가 켈리에게 했던 질문들을 당신의 아이들에게 한다면 그들은 어떻게 대답할 것인가? 이번 주에 아이들 각각에게 이 질문들을 하기 위한 계획을 세우라. 그래서 그들이 하나님이 진리의 근원이심을 이해할 수 있도록 도우라.

2. 당신은 아이들에게 정직한 삶의 본을 보이기 위해서 무엇을 하고 있는가? 당신이 정직하지 못한 영역은 어디인가? 당신에게 변화가 필요한 부분은 어디인가? 구체적으로 쓰라.

_____

_____

_____

_____

*3. 아이들에게 정직이 최고의 방책이라는 것을 각인하거나 강화하기 위해 "정직함을 가르치라"는 부분에서 최소 한 가지 제안을 택하여 이번 주에 실행하라.

*4. 이번 주에 당신의 자녀가 어떤 정직한 행동을 하는지 살펴보라. 그런 다음 그들의 정직함에 대해 칭찬하고, 상을 주기 위한 기회로 그것을 사용하라.

5. 다음의 문장들을 완성하라.

· 나는 부정직했을 때 이런 대가를 치렀다.

_____

_____

_____

_____

· 나는 정직했을 때 이런 유익을 얻었다.

_____

_____

_____

_____

※당신의 아이들에게 부정직함의 결과와 정직함의 유익에 대한 예로써 당신이 위에
언급한 내용들을 보여 줄 기회가 생긴다면 정직하게 열린 마음으로 나눌 준비를 하라.

6장

내가 닮고 싶은 아버지의 성품

신뢰할 수 있는 아버지

THE FATHER CONNECTION

스티븐 스필버그Steven Allan Spielberg, 1946~의 영화 "후크Hook"는 피터팬 이야기를 현대식으로 재조명해서 만든 작품으로, 이 영화에는 많은 어린이들이 마음으로 공감하는 장면이 있다.

로빈 윌리엄스Robin Williams가 연기한 '피터 배닝Peter Banning'이라는 극중 인물은 여러 책임을 맡고 있는 성공한 사업가였다. 피터의 가족이 영국으로 여행을 떠나기 바로 전날 저녁에 피터는 중요한 전화 한 통을 받는다. 그래서 그는 다음날 아침에 사업상 중요한 만남을 약속하게 된다. 그런데 자기 아들에게 가장 중요한 시즌 중의 마지막 야구경기도 그날 아침에 있을 예정이었다. 아들 잭은 아빠를 돌아보며 그 경기에 대해 다시 한 번 상기시켜 주었다. 피터는 회의는 오래 걸리지 않을 것이라고 말하면서 "꼭 갈게. 내 말은 보증수표야."라고 약속했다.

다음 날 아침, 피터는 회의가 길어지자 한 직원에게 비디오카메라를 주면서 그의 아들 경기에 가서 경기 모습을 녹화하도록 했다.

그 직원은 잭이 마지막 타석에 들어섰을 때 도착했다. 잭은 그의 아버지를 찾기 위해서 관중석을 둘러보다가 비디오카메라를 가지고 그의 어머니 옆에 앉아 있는 직원을 발견했다. 잭의 얼굴에는 실망한 표정이 역력했다. 그는 투수를 향해 섰지만 곧 삼진아웃을 당했다.

피터는 야구 경기가 열리는 야구장에 늦게 도착했다. 끼익 소리를 내며 차를 급히 세우고, 야구장이 내려다보이는 언덕으로 달려 올라갔다. 야구장은 비어 있었고, 모든 사람은 집으로 돌아가고 없었다.

그날 늦게 가족들은 런던으로 향하는 비행기에 탑승했고, 비행기 안에서 피터의 딸은 그에게 하나의 그림을 보여 주었다. "아빠, 잭이 그린 것을 보세요." 그것은 화염에 휩싸인 비행기가 바다로 추락하는 그림이었다. 그런데 네 명의 사람이 비행기 옆으로 뛰어 내리는데, 세 사람만 낙하산을 입고 있었다.

잭은 자기 좌석 위쪽 칸막이에 야구공을 튀기고 있었다. 피터는 그 옆자리로 옮겨 앉아서 "잭, 왜 나만 낙하산이 없어?" 하고 물었다. "한번 맞춰 보세요."라고 잭이 말했다. 몇 분이 흐른 후, 피터는 "잭, 다음 시즌에는 여섯 경기를 보러 갈게."라고 말했다. "비디오테이프나 충분히 사두세요." 잭은 화가 나서 대답했다. "약속할게. 내 말은 보증수표인거 알잖아."라고 피터가 말했다. "예~ 알죠. 부도난 보증수표잖아요." 잭의 대답이었다.

그 장면이 너무 마음을 아프게 했다. 많은 아버지와 아들과 딸들에게 너무나 익숙한 장면이었기 때문이다. 얼마나 많은 아버지들이 자녀를 사랑하면서도 약속을 지키지 못하고, 아이들을 실망시키며, 지키지 못할 약속을 함으로써 아이들을 분노케 하고 있는가? 얼마나 많은 아이들이 아버지의 지켜지지 않은 약속으로 인해 기대가 무너지고 비통함을 경험해 왔는가?

나는 그와 같은 아버지가 되고 싶지 않다. 나는 아이들과의 약속을 지키는 아버지가 되기를 원한다. 그들이 나를 신뢰하고, 내가 그들에게 무엇인가를 말할 때 그들이 나를 믿어 주며, 아버지는 약속을 지키며 말한 그대로를 행하는 사람으로 알아 주기를 바란다. 나는 하나님 아버지를 닮은 아버지가 되기를 원한다.

신뢰할 수 있는 아버지

──────── 우리는 하나님께서 약속을 지키신다는 것을 믿을 수 있다. 이것은 아주 기본적인 사실처럼 들리지만, 하나님에 대한 올바른 이해와 아버지 역할에 대한 건강한 개념을 갖기 위한 핵심적인 내용이다. 하나님 아버지는 반드시 약속을 지키시는 분이시다. 신실함이란 그분의 속성에서 흘러나온다.

> "여호와의 인자와 긍휼이 무궁하시므로 우리가 진멸되지 아니함이니이다 이것들이 아침마다 새로우니 주의 성실하심이 크시도소이다."애 3:22-23
> "하나님의 약속은 얼마든지 그리스도 안에서 예가 되니 그런즉 그로 말미암아 우리가 아멘 하여 하나님께 영광을 돌리게 되느니라."고후 1:20
> "너희 안에서 착한 일을 시작하신 이가 그리스도 예수의 날까지 이루실 줄을 우리가 확신하노라."빌 1:6

하나님은 그의 약속을 성취하시는 분이시다. 우리가 하나님 아버지와 가진 관계는 믿음과 신뢰에 바탕을 두고 있다. 자기 인생의 많은 시간들을 적과 싸우며 전쟁터에서 보냈던 다윗 왕은 어디에 그의 신뢰를 두어야 하는지를 알았다. 그래서 그는 "어떤 사람은 병거 어떤 사람은 말을 의지하나 우리는 여호와 우리 하나님의 이름을 자랑하리로다."시 20:7라고 했다. 다윗은 하나님은 믿고 신뢰할 수 있는 분이라는 것을 알았다. 다윗은 하나님 아버지가 약속을 실행하는 분이시라는 것을 알았다.

다윗처럼 우리도 하나님을 신뢰할 수 있다. 그는 항상 신뢰할 수 있는 신실한 분이시기 때문이다. 우리가 하나님께 한 약속을 깨뜨렸을 때에도 우리를 사랑하시고 우리를 향한 그의 약속을 지키시는 분이시다. "우리는 미쁨이 없을지라도 주는 항상 미쁘시니 자기를 부인하실 수 없으시리라."딤후 2:13 다시 말해서 신실함과 신뢰할 수 있다는 것은 하나님 속성의 본질적인 부분이다. 하나님은 다르게는 존재할 수 없는 분이시다. 그것은 하나님 자신과 모순되는 것이고 스스로 자신을 부인하는 것과 같기 때문이다.

나는 자신이 약속한 것을 지키며, 자녀로부터 신뢰를 얻고, 자녀들의 신뢰에 보답하는 그런 아버지가 되고 싶다. 나는 자신이 말한 대로 행하고, 아버지의 영향으로 인해 다른 사람으로부터 믿고 신뢰할 수 있는 그런 자녀들의 아버지가 되고 싶다.

이 일이 매우 어렵다는 것을 나도 안다. 내가 그런 아버지가 아니라는 사실도 안다. 그러나 하나님 아버지는 그런 분이시다. 내가 매일 그분을 의지하며 함께 동행하면서 다음의 노력들을 할 때 하나님을 점점 더 닮게 될 것이다.

1. 약속을 진지하게 생각하라

우리가 자주 아버지로서 한 약속을 깨뜨리는 실수를 하는 것은 아이들에게 한 약속이 얼마나 중요한 것인지 깨닫지 못하기 때문이다. 우리는 약속을 깨뜨리는 것(그리고 약속을 지키는 것)이 우리 아이들에게 얼마나 중대한 영향을 끼치는지 보지 못하고 있다.

제임스 셸러James L. Schaller 박사는 그의 책 『잃어버린 아버지의 역할을 찾아서 The Search for Lost Fathering』에서 아들과 함께 낚시를 하면서 하루 온 종일을 보냈던 한 사람에 대해서 이야기를 한다. 나라에서 큰 권력을 행사하는 고관이었던 아버지는 그날 밤 일기에 이렇게 썼다.

"오늘 나는 아들과 함께 낚시를 했다. 하루를 낭비했다."

그의 아들 또한 저녁에 집으로 돌아와서 하루를 회상하면서 일기를 썼다. 그날에 대한 그의 일기는 아버지의 것과는 완전히 달랐다.

"오늘 아버지와 함께 낚시를 했다. 내 인생에 있어서 최고의 날이었다."[23]

그 아버지는 자신의 손에 쥐고 있는 진정한 힘이 무엇인지를 알지 못했다. 아들의 관점에서 보지 않았기 때문이다. 내가 아이들의 눈을 통하여 사물들을 바라보기 시작했을 때 내가 한 약속의 중요성을 인식하기 시작했다. 내가 약속을 지키지 않는 것이 아이들의 눈에는 어떻게 보이는지 알 수 있었다. 아이들은 이렇게 생각한다. "아빠는 신경을 써야 할 더 중요한 일들이 있나봐.", "아빠는 내가 하는 일들에 관심이 없으신가봐.", "나는 중요한 존재가 아니야.", "나는 좋은 사람이 아니야." 이런 관점에서 본다면 내가 한 약속을 진지하게 지키는 것이 얼마나 중요한지를 아는 것이 어렵지 않을 것이다.

2. 아이들과의 약속을 지키라

아이들과 약속을 지켜야만 한다고 말하는 것은 쉽다. 우리 모두가

---

23) James L. Schaller, The Search for Lost Fathering (Grand Rapids, MI: Fleming H. Revell, 1995), 142-43. (NOTE: Gordon MacDonald, in his book, The Effective Father, attributes this story to the life of James Boswell, the famous biographer of Samuel Johnson, whose father was a distinguished judge.)

그렇게 하기를 원한다. 약속을 지켜야만 한다는 것도 알고 있지만 약속을 지킨다는 것은 완전히 다른 일이다.

오래전에 내 삶을 돌아보면서 내가 나 자신을 의도에 근거해서 판단하고 있다는 것을 깨달았다. 그러나 의도했다고 일이 항상 그렇게 이루어지는 것은 아니다. 누군가가 말했듯이 성경에서 비유하는 매우 뜨겁고 불쾌한 곳으로 가는 길은 '좋은 의도'로 포장이 되어 있다. 그러나 아이들은 나의 의도가 아니라 얼마나 내가 의도를 따라 행하는지를 가지고 판단한다. 아이들과 함께 시간을 보내려고 의도했지만 실행하지 못했다면 그들에게는 아무런 의미가 없다. 아이들에게 약속을 지키려고 했지만 그렇게 하지 못했다면 그들에게는 아무런 의미가 없다.

아이들에게 한 약속에 두 가지 형태의 약속, 즉 명시적인 약속과 암시적인 약속이 있다는 것을 알게 되자 아이들과의 약속을 지키는 데 도움이 되었다. 이 두 가지 약속 모두 중요하다. 내가 암시적인 약속을 명시적인 약속으로 더 많이 바꿀수록 나 자신과 아이들을 더 많이 도울 수 있다. 예를 들면, 아버지로서 하는 암시적인 약속들은 아이를 사랑해 주는 것, 해로운 것으로부터 그들을 보호하는 것, 그들의 물질적 필요를 채워 주는 것, 그들이 건강한 어른이 되기 위해 필요한 지식과 도움들을 공급하는 것 등이 있다. 대부분의 가족들에게 있어서 이러한 약속들은 당연한 것으로 전제되어진다.

그러나 나는 그러한 암시적인 약속들을 명시적인 약속들로 만들기 위해서 노력했다.[24] 그래서 아이들에게 이런 일들을 할 것이라고 했고, 또한 여기에 명시적인 약속들을 덧붙였다.

---

24) Two resources that would be helpful for a father who wishes to clearly define his promises to his children: Tell Me the Promises, Joni Eareckson Tada and Ron DiCianni (Wheaton, IL: Crossway Books, 1996), and A Father's Covenant: 173 Promises for Consideration and Reflection, Stephen Gabriel (San Francisco: HarperSanFrancisco, 1996).

"내 사역보다 너희들을 더 우선에 두겠어.", "너희에게 문제가 있어서 함께 이야기하고 싶을 때는 언제든지 들어 줄게."

암시적인 약속을 명시적인 약속으로 바꾸려고 애쓰면서 아이들이 내가 지켜 주기를 바라는 약속들에 대해서 많은 것을 배울 수 있었다. 예를 들어, 해로운 것으로부터 자신들을 보호해 주기를 바라는 약속에는 다른 사람들 앞에서 자신들을 폄하하거나 불평하지 않는 것이 포함되고, 이는 당연한 기대로써 내가 지키려고 해야 하는 약속이라는 것을 배웠다. 나 또한 아이들에게 나의 약속들에 대해서 명확히 하려고 했다. 예를 들어, 그들의 물질적 필요를 채워 주는 것은 변하는 유행이나 친구들의 옷 입는 것을 따라가는 그런 옷까지 사주는 것이 아님을 분명히 설명했다.

아이들에게 자신의 약속들에 대해 분명히 설명하고 그 약속들을 지키기 위해서 스스로 헌신하는 아버지는 아이들에게 믿고 신뢰할 수 있으며 의지할 수 있는 아버지라는 값진 선물을 주는 것이다.

3. 하나님과의 약속을 지켜라

아이들은 아버지가 하나님과 맺는 관계를 지켜보면서 두 가지를(다른 많은 것들도 있지만) 알게 된다. 첫째는 하나님은 신뢰할 수 있는 분이신가이고, 둘째는 아버지는 신뢰할 수 있는가이다.

내가 약속을 지키시는 하나님보다는 은행계좌나 좋은 직장, 혹은 다른 어떤 것들을 더 신뢰한다면 아이들은 하나님은 신뢰할 수 없는 분이라는 결론을 내릴지도 모른다. 반대로 내 가족에 대한 하나님의 돌보심을 신뢰하고, 그분의 힘을 의지하며 그분의 약속들을 믿고 나아가는 것을 보게 되면, 아이들은 하나님이 신실하신 분으로 알게 될 가능성이 높아질 것이다.

아이들은 내가 하나님과 맺고 있는 관계를 지켜보면서 내가 믿을 수 있는 사람인지에 대해서 판단할 단서를 발견할 것이다. 만약 내가 하나님과의 약속을 가볍게 여기거나 하나님에 대한 약속을 깨뜨리는 것을 본다면, 아이들은 나를 신뢰할 수 있는지에 대해 의심을 품을 것이다. 내가 하나님과의 약속을 계속적으로 어긴다면, 아이들은 자신들과 나와의 관계 또한 그보다 더 나을 것이 없다고 생각할 것이다. 물론 그 결과로 나와 아이들 사이의 신뢰는 무너지게 될 것이다.

물론 이것은 내가 원하는 것이 아니고, 당신 또한 원하는 것이 아니라고 짐작한다. 내가 하나님의 은혜와 능력으로 말미암아 하나님께 한 약속을 지키는 것을 내 자녀들이 보기를 원한다.

"내게 주신 모든 은혜를 내가 여호와께 무엇으로 보답할까…여호와의 모든 백성 앞에서 나는 나의 서원을 여호와께 갚으리로다."시 116:112-14

나는 내 자녀를 포함해서 그분의 모든 백성들 앞에서 주님께 한 나의 약속을 지키고 싶다.

4. 다른 사람들과 한 약속을 지키라

나의 친구 하나가 5학년짜리 아들 조르단Jordan과 있었던 이야기를 들려 주었다. 그 이야기는 나에게 다른 사람과 한 약속을 지키는 것이 얼마나 중요한지를 일깨워 주었다.

그 무렵 조르단의 가장 가까운 친구 두 명이 같은 시기에 부모의 이혼 때문에 힘들어하고 있었다. 어느 날 저녁, 조르단이 잠자리에 들었을 때, 그의 부모는 조르단의 방에서 들릴 정도로 크게 다투었다. 그의

아버지를
닮고
싶어요

*

118

부모는 수년 동안 아이들 앞에서 화를 내고 싸우지 않기 위해서 조심해 왔었는데, 그날은 조르단이 아직 자지 않고 모든 것을 듣고 있다는 것을 미처 몰랐던 것이다. 논쟁을 하다가 그의 엄마는 조르단이 방문 앞에서 눈물을 흘리며 조용히 앉아 있는 것을 보았다.

그들은 즉시 논쟁을 멈췄다. 아버지가 아들을 안고서 "조르단, 악몽을 꾸었니?"라고 물었다. 조르단은 흐느껴 울면서 물었다. "아빠, 엄마와 언제 이혼하실 거죠?" "왜 우리가 이혼할 것이라고 생각하니?"라고 아빠가 물었다. 조르단은 "존John과 제임스James가 부모님이 많이 싸운다고 했어요. 그런데 지금 아빠와 엄마가 싸우고 계시잖아요."라고 두려움에 휩싸인 얼굴로 말했다. 그때 그 부부는 바로 냉정을 되찾았고, 그들의 분노는 사라져버렸다. 그리고 그 시간을 그들의 결혼이 얼마나 소중한 것인지에 대해서 조르단에게 '가르칠 기회'로 삼았다. 그들은 서로 사랑하며, 결혼할 때 서로에게 약속했고, 또 그 약속들을 지킬 것이라고 조르단에게 말했다.

아내 혹은 친구나 사업상의 파트너와 했던 약속을 지키지 않는 아버지는 자신의 자녀들과 신뢰 관계를 형성하기 어렵다는 것을 발견하게 될 것이다. 그러나 다른 사람과의 약속을 지키는 아버지는 자녀들에게 신뢰감을 줄 뿐만 아니라 더 키워 갈 것이다.

5. 책임을 질 줄 아는 사람이 되라

자녀 앞에서 자신이 한 행동에 대해 책임을 질 줄 아는 사람이 되라고 조언하면 많은 부모들이 놀라곤 한다. 대부분의 부모들은 내 제안이 다소 과격하거나 심지어는 혁명적이라고 생각한다. 내가 마치 귓구멍에 손가락을 넣고 왔다 갔다 하면서 그들에게 혀를 내밀고 놀리고 있는 것처럼 나를 바라본다. 결국 자녀들이 부모 앞에서 책임을 질 줄 아는 태도를 보여야지 그 반대일 수는 없다는 것이다. 그러나 나는 아이들 앞에서 책임을 질 줄 아는 사람이 되는 것이 우리의 약속을 지키고 아버지와 자녀 사이에 신뢰를 형성하는 가장 효과적인 방법 중 하나라고 진심으로 믿는다.

그렇다고 지금 당신 아이들에게 권한을 주라고 제안하는 것이 아니다. 그것과는 거리가 멀다. 그러나 당신이 약속을 어겼을 때 당신에게 설명을 요구하는 것을 허용할 정도로 겸손하고 낮아지라고 제안하는 것이다.

켈리가 일곱 살이 되었을 때 그녀의 생일카드에 다음과 같이 적었다.

> 사랑하는 켈리야, 정말 너를 사랑해. 너의 아빠가 된 것이 얼마나 기쁜지 몰라. 그런데 올해 아빠에게 너의 도움이 필요할 것 같구나. 아빠는 이전에 일곱 살이 된 딸을 키워본 적이 없어. 난 할 수 있는 한 너에게 최고의 아빠가 되고 싶어. 만약 아빠가 옳지 않다거나 공평하지 않거나 너를 사랑하고 이해하는 마음이 부족하다고 생각한다면 언제든지 내게 말해 주렴.

나는 션과 케이티와 헤더가 일곱 살이 되었을 때도 동일하게 했다. 네 명의 아이들 각자에게 나는 책임을 지기 위해 노력했다. 아이들에게 한 약속을 지킬 수 있도록 아이들에게 도움을 요청했고, 결과적으로 그들은 나에게 최고로 소중한 조언자가 되었다.

물론 당신의 아이들에게 책임을 지는 것은 불편한 일일 수도 있다. 딸 케이티가 열 살이 되었을 때 강연을 마치고 돌아온 나에게 항의를 했다. "아빠는 공평하지 않아요." 내가 아이들에게 한 약속 중 하나는 그들 모두를 공평하게 대하겠다는 것이었다. 그래서 "애야, 무슨 뜻이니?" 하고 물었다. 케이티는 "아빠가 강연을 마치고 돌아와서 켈리와 션과 헤더만 밖으로 데리고 나갔어요."라고 말했다. "정말이야?" 하고 내가 말했다. 나는 케이티의 말에 깜짝 놀랐다. "정말이에요." 하고 그녀는 당당하게 말했다. 그리고는 부드러운 태도로 이렇게 물었다. "오늘 점심 때는 저를 데려가 주시겠어요?"

당신은 그날 내가 열 살 된 딸과 점심을 함께했음을 짐작할 수 있을 것이다. 딸에게 기꺼이 책임을 지려고 했던 것이 내가 했던 실수를 바로잡는 데 도움이 되었다. 그것이 책임을 지는 행동이다.

아이들과의 약속을 지키는 것은 힘든 일이다.(그것이 쉬운 일이었다면 우리 중에 더 많은 사람들이 약속을 지켰을 것이다. 그렇지 않은가?) 그것은 분명히 하나님의 도움을 필요로 하는 일이다. 뿐만 아니라 그것은 우리 아이들이 도울 수 있는 일이기도 하다. 믿건대 그들에게 그와 같은 기회와 책임을 부여한다면 그들은 잘해 낼 것이다.

앞에서 언급한 이러한 개념들은 당신이 아이들로부터 신뢰를 얻고 약속을 지키는 아버지가 되도록 도울 뿐 아니라 당신의 영향으로 당신의 자녀들 또한 믿고 신뢰할 수 있는 신실한 아이들의 아버지가 되도록 도울 것이다. 당신이 성령을 의지하고 앞에서 언급한 이런 원리들을 충실히 실행한다면 당신의 아이들은 스스로 한 약속을 지키는 사람, 그래서 그들의 말을 신뢰할 수 있고 그 약속을 믿을 수 있는 사람이 될 수 있을 것이다.

묵상, 토의 그리고 실천을 위한 질문들

1. 당신의 아이들에게 가장 최근에 약속을 지키지 못했던 것은 언제인가?(생각나지 않는다면 아이들에게 물어보라!) 지키지 못한 약속이 자녀들에게 무엇을 전달했다고 생각하는가?(모르겠다면 아이들에게 물어보라!)

2. 당신이 자녀들에게 암시적으로 했던 약속들을 아래 빈칸(혹은 별도의 종이)에 열거해 보라.

_____

_____

3. 위의 암시적 약속들 중에서 당신이 명시적으로 할 수 있는 것은 무엇인가? 적용 가능한 모든 것에 표시해 보라.

*4. 아래 빈칸(혹은 별도의 종이)에 당신이 아이들에게 했던 명시적인 약속들을 열거해 보라.

_____

_____

*5. 이번 주에 아이들에게 책임을 지는 아버지가 되기 위한 계획을 세워보라. 어떻게 그것들을 실천하겠는가?(당신이 약속을 지킬 수 있게 도와달라고 당신의 자녀들에게 개인적으로 말하고 또 다 같이 앉혀놓고 말한 후 그것을 써서 아이들에게 주라.)

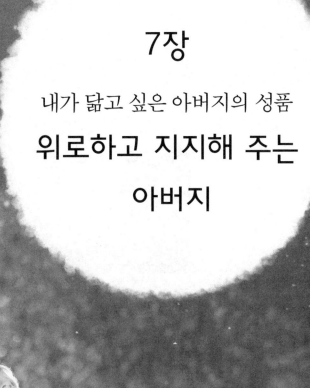

7장

내가 닮고 싶은 아버지의 성품

위로하고 지지해 주는

아버지

THE FATHER CONNECTION

7장

내가
닮고 싶은
아버지의
성품
―
위로하고
지지해 주는
아버지

*

125

열네 살의 에이미는 처음 그 일이 일어났던 때를 생생하게 기억하고 있다. 그녀는 다섯 살이었다.

창문을 때리는 폭풍우로 인해 그녀는 한밤중에 잠을 깼다. 어두움과 요란한 천둥소리에 놀라 침대에서 뛰어 내려와 울면서 부모님의 침실로 달려갔다.

그녀는 침대 옆으로 다가가서 엄마 쪽을 바라보며 흐느껴 울었다. 그러나 엄마가 반응하기 전에 아빠가 잠에서 깼다.

"에이미, 여기서 무엇을 하고 있니? 네 방으로 돌아가." 하고 아빠가 잠을 깨운 것에 화가 나서 말했다. "하지만 아빠, 무서워요."라고 하면서 에이미가 더 심하게 울었다. "듣기 싫어. 너는 다 컸으니까 큰 애처럼 행동해야지." 하고 아빠가 소리쳤다. 에이미는 침대에 앉아 있는 그녀의 엄마를 향해서 애원하는 듯한 눈빛을 보냈다. 그러나 엄마는 바닥만을 쳐다보고 있었다. "내 말 못 들었니?" 에이미의 아빠가 소리 지르는 바람에 그녀는 움찔했다. "네 방으로 돌아가란 말이야! 그리고 다시는 우리를 귀찮게 하지 마."

에이미는 안방을 나와서 욕실로 들어갔다. 불을 켜고 문을 잠갔다. 밤새도록 욕조 안에서 울면서 천둥이 칠 때마다 벌벌 떨었다. 에이미가 그녀의 아버지로부터 어떤 위안도 받을 수 없다는 것을 배우기까지 같은 일이 여러 번 반복되었다. 열 살 때까지 에이미는 폭풍우가 치는 날이면 불을 켜고 문을 잠근 채로 욕조 안에서 울면서 밤을 새웠다.

에이미의 이야기에서 가장 최악이라고 할 수 있는 것은 이 이야기가 실화라는 것이다. 이후에 그녀는 폭풍우가 치는 것에 대한 두려움을 극복했다. 그러나 그녀는 여전히 아버지로부터의 위로와 보살핌이 부족한 결과로 고통을 겪고 있다.

이러한 경험들은 삶의 엄청난 재앙이 될 수 있다. 결혼과 가정생활 연구소의 데이빗 퍼거슨David Ferguson 박사와 단 맥민Don McMinn 박사에 의하면 위로와 지지에 대한 필요가 채워지지 않는 사람은 실망하고 외로워하며 공허해 하고 수줍어하는 경향이 있다. 이런 사람들은 난잡한 성생활, 실패에 대한 두려움, 삶에 대한 권태, 그리고 강박적인 경향에 사로잡히기 쉽다.

아버지의 위로와 지지를 경험하지 못하는 아이들은 불안감을 이겨내고 동료 집단의 불건전한 압력을 이겨내는 것이 어려운 것처럼 보인다. 아버지의 위로와 지지를 경험하지 못하는 아이들은 건강한 우정을 형성하는 데 어려움을 느낄 수 있고, 이런 정서적 필요들을 성적으로 채우고자 하는 유혹들에 쉽게 굴복하는 경향이 있다.

그러나 아버지의 위로와 지지를 받고 자란 아이들은 사랑받고 있다는 것을 느끼고, 감사하며, 희망을 가지며, 다른 사람을 돌보고, 동정심이 있으며, 긍정적이고, 너그럽고, 다른 사람의 필요에 민감하며, 자신감을 가지는 것처럼 보인다.[25]

25) Dr. David Ferguson and Dr. Don McMinn, Top 10 Intimacy Needs (Austin, TX: Intimacy Press, 1994), pp.52-53.

에이미 아버지의 행동을 비난하는 나 자신도 우리 아이들에게 필요한 위로와 지지를 제공하지 못했던 것을 인정할 수밖에 없다. 우리는 이런 아빠가 되기를 원치 않는다. 우리는 아이들이 위로와 지지가 필요할 때 그 자리에 함께 있어 주며, 아이들의 두려움과 상처에 대해서 민감하게 반응하는 아빠가 되기를 원한다. 우리는 아이들이 우리의 위로와 지지로 인해 동료 집단의 불건전한 압력에 굴하지 않고, 불안감을 이겨내며, 친구들과 건강한 우정을 쌓고, 동료로부터 칭찬과 존경을 받도록 구비시키는 아버지가 되기를 원한다. 나는 하나님 아버지와 같은 그런 아버지가 되고 싶다.

7장

내가
닮고 싶은
아버지의
성품
ㅡ
위로하고
지지해 주는
아버지

*

127

하나님 아버지의 형상

ㅡㅡㅡㅡ 하늘에 계신 우리 아버지의 속성과 성품들이 드러내는 경건한 아버지는 그의 자녀들이 시련과 고난 가운데 있을 때 위로하며 지지해 주는 아버지이다. "의인이 부르짖으매 여호와께서 들으시고 그들의 모든 환난에서 건지셨도다. 여호와는 마음이 상한 자를 가까이하시고 충심으로 통회하는 자를 구원하시는도다."시 34:17-18

그분은 "자비의 아버지시요 모든 위로의 하나님이시며 우리의 모든 환난 중에서 우리를 위로하사 우리로 하여금 하나님께 받는 위로로써 모든 환난 중에 있는 자들을 능히 위로하게 하시는"고후 1:3-4 분이시다.

우리의 본이 되는 아버지는 자비의 아버지이시고, 모든 위로의 하나님이시다. 그는 우리의 위기와 재난에 대해 참을성 없이 진노하심으로 응답하지 않으시고, 위로와 지지로 응답하시는 분이시다. 하나님은 우리가 어려움을 당했을 때 우리가 누군가에게 의지할 수 있고, 힘을 얻을 수 있으며, 현명한 조언을 구할 수 있다면 큰 도움이 되리라는 것을 알고 계신다.

하나님의 위로는 "우리의 모든 환난" 가운데 함께한다. 하나님은 우리가 그분의 이름으로 인해 핍박을 받을 때에도, 우리의 잘못된 행동으로 인해 고통을 받을 때에도 우리를 위로하시고 지지하시는 분이시다. 그분은 우리가 자격이 없을 때에도, 우리 자신의 문제로 인해 힘들게 살아갈 때에도 우리를 위로하시는 분이시다. 하나님은 우리가 약할 때에도 우리를 지지해 주시며, 우리가 넘어질 때에도 우리를 위로해 주시는 분이시다.

> "그는 목자같이 양떼를 먹이시며 어린 양을 그 팔로 모아 품에 안으시며 젖먹이는 암컷들을 온순히 인도하시리로다." 사 40:11

하나님 아버지는 우리를 징계하실 때조차도 위로하시고 지지하시는 분이시다. 시편의 저자인 다윗은 이렇게 썼다. "주의 지팡이와 막대기가 나를 안위하시나이다." 시 23:4 목자의 막대기는 위로하고 붙들어 주는 도구로 사용되었다. 이것으로 어린 양들을 들어올리고 목자 가까이로 양들을 끌어당기며 위험하거나 어려운 길을 통과할 때 양들을 인도한다. 반면에 지팡이는 방어와 징계의 도구였다. 지팡이는 공격하는 짐승을 막고 제압하기 위해서 그리고 다루기 힘들고 저항하는 양들을 다스리기 위해서 사용되었다.[26] 그러나 시편 기자에게는 막대기와 지팡이 둘 다 위로의 도구였다. 왜냐하면 이 둘 다 자비롭고 도우시는 목자 되신 하나님께서 사용하셨기 때문이었다.

---

26) See Phillip Keller's classic, A Shepherd Looks at Psalm 23 for further description of the shepherd's rod and staff (Grand Rapids, MI: Zondervan Publishing House, 1970).

우리는 그런 아버지가 되기를 원한다. 우리 안에 계시고 우리를 통해 역사하시는 초자연적인 성령님의 임재와 능력으로 우리 자녀들이 당하는 모든 문제들에 대하여 위로하고 지지함으로 하나님 아버지의 성품을 드러낼 수 있다.

물론 내 딸이 학교에서 A를 못 받고 B를 받아서 실망해서 집으로 왔을 때 그 딸을 위로하는 것은 쉽다. 내 아들이 축구시합에서 잘하지 못했을 때 그를 위로하는 것은 쉽다. 자전거를 타다가 넘어지거나 파혼한 자녀들을 위로하는 것은 쉽다. 그러나 어리석게 곡예를 하다가 자동차 사고를 내거나 공부를 하지 않아서 시험에 떨어졌을 때, 자신이 해야 할 책임을 끝까지 미루다가 모든 것이 엉망이 되었을 때 아이들을 위로하고 지지하는 것은 쉽지 않다. 아이들의 잘못으로 자초한 일들에 대해 온화한 방법으로 반응하는 것은 더욱 어렵다. 그러나 바로 이때가 자녀들이 우리의 위로와 지지를 필요로 하는 때이다.

우리는 여전히 아이들을 너무 엄격하게 대하는 편이다. 우리는 너무 빨리 소리를 지르고 때로는 야단을 친다. 그러나 우리는 이후에 제시하고 있는 방법대로 우리 자녀들을 위로하고 지지함으로써 하나님을 닮아가는 새로운 방법들과 우리 자신의 아버지 역할에서 하나님의 형상이 자라가는 새로운 기술들을 배움으로써 어떻게 하나님 아버지의 형상을 나타낼 수 있는지 배울 수 있다.

1. 자신의 한계를 인정하라

젊은 아버지인 봅이 여섯 살 된 딸에게 자전거 타는 법을 가르치기 위해서 노력했던 일에 대해서 이야기한 적이 있다. 딸 헤더가 자전거를 타는 데 필요한 동작들, 즉 손잡이로 방향을 잡고, 페달을 밟고, 브

7장
내가
닮고 싶은
아버지의
성품
—
위로하고
지지해 주는
아버지

*
129

레이크를 잡으며 균형을 유지하는 것을 배울 때까지 봅은 딸의 자전거를 붙들고 함께 달렸다. 그러나 그 과정에서 실수로 자전거를 놓쳐버리고 말았다. 자전거는 충돌했고, 헤더는 자전거와 함께 땅으로 굴렀다.

봅은 그 사고를 언급하면서 '실패'에 대한 실망을 나타냈다. 그는 헤더가 자전거 타기뿐만 아니라 모든 영역에서 아빠가 함께 해주리라는 것을 신뢰하고, 자신을 지지해 주는 아빠를 정말로 의지하고 믿어 주기를 원했었다. 그러나 봅은 완벽하지 않았다. 우리 중 어떤 사람도 완벽한 사람은 없다.

자녀들을 위로하고 지지해 주는 아빠가 되는 핵심들 중 하나는 자신의 한계를 인정하고 받아들이는 것이다. 우리는 아이들이 넘어져서 무릎을 다치는 것은 막을 수 없다. 그러나 우리는 그들을 일으켜 세우고 상처에 입 맞추어 줄 수 있다. 우리는 아이들이 실수하는 것은 막을 수 없다. 그러나 그들이 실수를 고치도록 도울 수 있다.

우리는 아이들을 실망이나 상함으로부터 보호할 수는 없다. 그러나 상처받은 자녀들과 함께 울며 아파할 수 있다. 우리는 자녀들의 삶에서 잘못된 모든 것들을 고칠 수는 없다. 그러나 그들이 성공했을 때 축하해 주고 실패했을 때 그들을 일으켜 세울 수는 있다.

우리는 자녀들을 위해 모든 것을 할 수는 없다. 그러나 하나님의 도우심으로 우리가 할 수 있는 일을 한다면 그것으로 충분한 것이다.

2. 시간을 함께 보내라

"왜 기다려야 하는가?"Why wait?에 대한 설문조사에서 응답한 사람들 중 한 소녀가 그녀의 첫 번째 성경험에 대해 글을 썼다. 다음은 그 글의 한 부분이다.

나는 오늘 학교에서 끔찍한 시간들을 보냈습니다. 내가 원한 것은 단지 부모님이 약간의 시간이라도 함께해 주시는 것이었습니다. 그저 나를 한 번 안아만 주어도 좋았을 것입니다. 그러나 부모님은 너무 바빴습니다. 그래서 나는 그 문제를 안고 남자친구에게 갔습니다. 한 가지씩 다음 단계로 발전하다가 지금은 성관계까지 하고 있습니다. 아빠, 엄마! 내가 도움을 필요로 할 때 그곳에 계셨더라면 얼마나 좋았을까요!

7장

내가
닮고 싶은
아버지의
성품
–
위로하고
지지해 주는
아버지

*

131

그 아이는 학교에서 힘든 일을 겪은 후에 위로가 필요했고, 부모로부터 그것을 얻기를 원했다. 그러나 부모가 너무 바빴기 때문에 그녀는 다른 곳에서 위로를 찾게 되었다.

내가 전에 말했던 것처럼 아이들은 '사랑'이라는 단어를 어른들처럼 쓰지 않는다. 그들은 '시간'이라고 쓴다. 자비의 하나님이시며, 모든 위로의 하나님이신 그분을 닮기를 원하는 아버지는 반드시 그의 아이들과 함께 시간을 보내야 한다.

나는 확실히 이 영역에서 본이 되는 사람은 아니었다. 언젠가 우리 가족이 즐겨가는 멕시코의 휴양지에서 나는 책을 쓰고 있는 중이었다. 그때 켈리가 다가와서는 "아빠, 네일숍에 데려다 주실 수 있으세요?"라고 말했다. 글이 한창 잘 써지고 있었기 때문에 처음에는 '지금 나에게는 이것이 가장 중요해.'라는 생각이 들었다. 두 번째로 든 생각은 '조시, 네가 가르치는 대로 실천해.'라는 것이었고, 세 번째는 '주여, 제가 올바른 태도를 가지게 해주세요.'라는 것이었다.

나는 나중에도 글이 잘 써지는 그 흐름이 지금처럼 계속 이어지기를 희망하면서 글 쓰는 일을 잠깐 뒤로 미루고 켈리를 네일숍에 데려다 주었다. 다행스럽게도 그것은 켈리를 단순히 어딘가에 데려다 주는 택시 운전사 노릇이 아니었다. 켈리가 정말로 원했던 것은 나와 함께하는 시간이었다. 예상대로 돌아오는 길에 우리는 좋은 시간을 가졌고, 의미 있는 대화도 나눌 수 있었다. 사실, 켈리가 나와 함께 나누었던 가장 사적이고 진심어린 이야기는 그날 집에 거의 돌아왔을 때까지 나오지 않았었다. 켈리가 마음을 여는 데에는 시간이 필요했다. 내가 그때 그녀에게 기꺼이 시간을 내줄 수 있었다는 것이 기뻤다.

켈리는 내가 그녀를 네일숍에 데려다 준 것에 대해서 서너 번 감사했다. 나는 그 이유가 그녀와 함께 시간을 보내면서 그녀의 이야기를 들어 주었을 뿐 아니라 내가 그녀를 위로하고 지지해 줄 수 있는 자리에 있었기 때문이라고 생각한다.

3. 아이들의 필요를 살피라

내 친구 웨이크필드는 딸들 중 하나가 고등학교 졸업을 앞두고 있을 때 있었던 일을 이야기했다. 부모들은 십대 자녀들이 이때 행복하고 희망에 부풀어 있을 것이라고 기대한다. 그런데 웨이크필드는 자신의 딸이 완전히 풀이 죽어 있는 것을 알게 되었다. 그녀와 대화를 나누면서 반의 다른 친구들은 졸업식에서 특별상도 받고 장학금도 받는데 그녀는 어떠한 특별한 상도 받지 못할 것 같아서 매우 실망해 있다는 것을 알게 되었다.

웨이크필드는 여러 가지 반응을 보일 수 있었다. 그는 딸의 감정을 무시할 수도 있었고, 딸에게 바보 같은 생각을 한다고 말할 수도 있었다. 그는 딸을 설득해 볼 수도 있었다. 그러나 그는 이런 반응 중 어떤 것도 그 시점에 딸의 필요를 채울 수 없을 것이라는 것을 알았다.

"무슨 말을 해 줘야 할지 몰랐어."라고 그는 나에게 말했다. 그러나

그때 그는 자신의 팔로 딸을 꼭 안아 주면서 "내 명단에서는 네가 일등
이야."라고 말해 주었다. 그를 향한 딸의 미소와 포옹은 무슨 말을 해
줘야 할지 몰랐던 아빠의 행동으로써는 그다지 나쁘지 않았다는 것을
그에게 알려 주었다. 딸의 필요에 대한 그의 예상은 정확했다. 그녀는
위로가 필요했다. 그녀는 자신이 어떤 상을 받든지 혹은 장학금을 받
든지에 상관없이 그녀를 귀하게 여겨 주는 사람이 있다는 것을 알 필
요가 있었던 것이다.

자녀들을 위로하고 지지하기를 원하는 아버지는 그들의 필요에 민
감해질 필요가 있다. 그들이 말하는 것을 가까이에서 들으라. 그들이
하는 행동들을 관찰하라. 그러나 거기에서 멈추지 말고, 그들의 말과
행동들이 어떤 감정이나 필요를 드러내고 있는지를 살펴보라. "아빠
는 나와 함께 아무것도 한 적이 없어요."라고 말하는 아이는 아빠의 관
심에 대한 필요를 표현한 것일 수도 있다. 야구경기에서 타석에 들어
서기 전에 관중석을 바라보는 아이는 자신을 지지해 주는 누군가를 찾
고 있는 것일 수도 있다. 실패를 했을 때 격분하며 짜증내는 아이는 위
로를 받고자 우는 것일 수도 있다.

아이들의 부적절한 행동까지 용납해야 한다고 말하는 것이 아니다.
내가 말하고자 하는 것은 우리가 아이들의 필요를 알아차리고 예측할
수 있어야 하며, 그들의 말과 행동, 그리고 그런 말과 행동을 하게 만
드는 필요들에 부응해야 한다는 것이다.

4. 위로하고 지지해 주는 언어를 배워라

아이들이 두렵거나 당황했을 때 혹은 실망하거나 상처를 받았을 때
그들에게 필요 없는 것들이 있다. 나는 어떤 문제나 사람들을 대할 때

7장
내가
닮고 싶은
아버지의
성품
–
위로하고
지지해 주는
아버지

133

일반적으로 인지적인 접근을 취하는 경향이 있기 때문에 상처받은 사람에게 본능적으로 보이는 첫 반응은 매우 이성적이다("너도 알겠지만 네 잘못은…." 혹은 "왜 이런 일이 일어났는지 잘 알거야, 그렇지?"). 그러나 상처받은 사람에게는 교훈이나("너는 이 일을 통해 교훈을 받아야 해."), 지침("네가 그것을 하면 좋은 성품을 가질 수 있어."), 충고("네가 너였다면….."), 혹은 감화("힘을 내, 불행 중 다행이잖아.")를 주는 말들이 필요치 않음을 배우고 있다.

나의 본능을 따르는 대신 그렇게 하지 않는 것을 배우고 있다. 아이들은 내가 거기에 함께 있어 주고, 안아 주며, 같이 슬퍼하고, 그들의 손을 잡아 주며, 함께 아파하면서 관심을 보여 주는 것을 필요로 하고 있다. 그들에게는 나로부터의 교훈이나 충고로 인해 얻는 유익이 필요한 것이 아니라는 것을 배우고 있다. 그들에게는 설교가 필요한 것이 아니라 기대어 울 어깨가 필요하다. 그들에게는 위로와 지지가 필요하다. 이것은 위로의 언어("애야, 안 됐구나.", "마음이 아프지?", "내가 여기 있어.", "사랑해.")와 지지의 언어("나는 너를 믿어.", "함께 이겨내자.", "너와 끝까지 함께 있어 줄게.")를 통해 잘 표현되어질 수 있다.

물론 때로는 아이들 자신의 잘못으로 인해 어려움을 당하고 있을 때 훈계나 교훈이 필요하다. 그러나 아버지의 위로와 지지가 선행될 때, 훈계는 더욱 효과적일 것이다.

5. 입을 조심하라

댄 벤슨은 그의 책 『완전한 인간』에서 엄마, 아빠가 평균적으로 자녀들에게 한 가지의 긍정적인 말을 할 때 열 가지의 부정적인 말을 하고 있음을 보여 주는 부모들에 대한 설문조사의 결과에 대해 말하고 있다. 그러나 그는 이렇게 권고하고 있다. "아동심리학 전문가들은 하나의 부정적인 말로 인해 상처 입은 자존감을 회복하기 위해서는 적어도 네 가지의 긍정적인 평가가 필요하다고 믿는다."[27]

자녀들에게 위로와 지지를 주기 원하는 아버지는 그의 말이 그들에게 상처를 줄 수도 있고, 도울 수도 있는 힘을 가지고 있다는 것을 인식해야 한다. 아버지가 아이들에게 계속해서 말로 빈정대거나 비난하거나 혹은 비판한다면, 아이들을 위로하고 지지해 주기 위한 어떤 노력도 효과가 없을 것이다. 말이나 행동으로 "저리 가.", "귀찮게 하지마.", "나는 어른들과 애기를 해야 돼.", "너와 함께 보낼 시간이 없어.", "바보 같구나.", "네가 정말 싫어.", "정말 성가시구나.", "네가 어떻게 생각하고 느끼든지 상관 안 해."라고 말하고 있다면, 아버지는 스스로 아이들로부터 자신을 격리시키고 있으며, 아이들에게 다른 곳에서 그들이 필요로 하는 위로와 격려를 찾도록 만들고 있는 것이다.

6. 그들의 세계로 들어가라

만일 진정으로 아이들에게 당신이 위로하고 지지하고 있음을 느끼게 하고 싶다면 그들의 세계로 들어가기 위해서 노력하라. 즉 그들이 지금 무엇에 흥미를 느끼고 멋지다고 생각하는지, 어떤 것을 즐기는지, 어떤 친구들과 어울리고 있는지를 알기 위해 힘쓰라는 것이다.

많은 아버지들은 자녀들이 자신과 같은 수준에서 의사소통을 하는 것을 기대한다. 우리는 아이들이 우리가 흥미 있어 하는 일들을 해주기를 기대하면서 우리는 그들이 흥미 있어 하는 것에 관심을 갖지 않고, 그들의 수준에서 의사소통을 하려고도 하지 않는다.

---

27) Dan Benson, The Total Man (Wheaton, IL: Tyndale House Publishers, 1977), p.183.

7장
내가
닮고 싶은
아버지의
성품
—
위로하고
지지해 주는
아버지

*

135

몇 년 전에 딸 켈리가 한 친구를 집으로 데려와서는 내 머리를 손질해 주겠다며 졸랐다. 나는 "너희가 정말로 내 머리를 손질하려고 하는 것은 아니겠지?"라고 말하면서 강하게 거부했다. "아빠~" 하고 켈리가 간청을 했다. 나는 정말로 그 두 아이의 실험대상이 되고 싶지 않았다. 그러나 나는 이것이 그들의 세계로 들어가는 기회라는 것을 알았다. "그래, 좋아." 하고 마침내 허락하고 말았다. "너희들이 원하는 대로 내 머리를 손질해 봐. 그런데 자르거나 염색을 하지는 마. 그리고 다한 후에 너희 둘 다 나와 함께 밖에 나가서 저녁식사를 해야 한다." "좋아요!" 하고 둘이 함께 소리를 질렀다. 그리고 한 시간 동안 그들은 무스와 헤어드라이기 그리고 내가 알지 못하는 도구들을 사용해서 내 머리를 손질했다. 머리 손질을 끝냈을 때, 내 머리카락은 이리저리 사방으로 뻗쳐 있었다. 내 머리는 저 멀리 있는 혹성으로 떠날 준비가 되어 있는 비행접시처럼 보였다. 나는 거울을 들여다보며 그들과 했던 약속을 생각했다. 정말 이대로 밖으로 저녁을 먹으러 가야 하는가? 아무도 나를 알아보지 못하기를 바랄 뿐이었다.

우리가 (유리가 어두워서 밖에서 안을 보지 못하는) 피자 레스토랑으로 들어갔을 때 아이들은 내 뒤에 저만치 멀리 떨어져 있었다. 어느 누구에게도 나와 일행이라는 것을 알리고 싶지 않았던 것이다. 사람들이 나를 뚫어지게 쳐다봤고, 한 여자는 계속해서 아래 위로 나를 쳐다보기는 했지만 어떤 사람도 경찰을 부르지는 않았다. 그리고 우리는 정말 유쾌한 시간을 보냈다.

이러한 경험이 특별히 내 딸을 위로하고 지지하는 것이었다고 생각하지 않는다. 그러나 데이트, 물 풍선 던지기, 자쿠지 안에서의 팝콘파티와 그와 비슷한 다른 순간들과 함께 이 일은 우리 아이들에 관해 많은 것을 알게 해주었고, 그들이 위로와 지지가 필요할 때 내가 그것을 채워 줄 수 있게 해주었다. 가능할 때마다 그들의 세계에 들어감으로써 그렇지 않았다면 할 수 없었던 방식으로 그들의 기분을 읽고 그들의 감정을 이해하며 그들의 고민들을 예측할 수 있었다.

위로와 지지를 제공하는 능력은 텔레비전과 같이 스위치를 켜면 되는 것과는 다르다. 그것은 오히려 정원과 같은 것이다. 예기치 않은 순간에 그것이 필요한 때가 왔을 때, 우리의 수고가 열매를 거둘 수 있도록 지속적으로 땅을 일구고 돌보는 것을 필요로 한다.

당신의 아이들에게 위로와 지지를 주는 것의 효과는 아이들뿐 아니라 당신에게도 오래 갈 것이다. 당신은 그들이 필요할 때 충분한 지지와 위로를 가정에서 공급받을 수 있다고 확신하며 부당한 동료들의 압력에 굴하지 않고 맞서는 모습을 지켜볼 수 있을 것이다. 당신은 그들이 받기만 하는 것이 아니라 주기도 하는 건강한 우정을 세워 나가는 것을 보게 될 것이다. 또한 당신은 그들이 학교나 직장에서 혹은 교회에서 무슨 일이 생기더라도 아버지로부터 위로와 지지를 얻을 수 있다고 확신하기 때문에 능력 있고, 확신에 찬 성인으로 성장하며 또한 성장하면서 더욱 동료들(그리고 당신)의 존경과 칭찬을 받는 것을 지켜볼 수 있을 것이다.

7장
내가
닮고 싶은
아버지의
성품
－
위로하고
지지해 주는
아버지

＊

137

묵상, 토의 그리고 실천을 위한 질문들

1. 아래의 항목들을 보고 당신의 아이들은 이 특성들 중 어느 것에 해당하는지를 생각해 보라(적용되는 것 모두에 표시를 하라.).

☐ 낙담   ☐ 외로움   ☐ 소심함   ☐ 공허

☐ 실패에 대한 두려움   ☐ 강박관념   ☐ 불안

☐ 동료집단의 압력에 약함   ☐ 성적인 압력에 약함

☐ 성생활의 문란   ☐ 친구관계가 원만하지 못함

☐ 삶에 대해 지루하게 느낌

2. 위에 나오는 특성들 중에 표시한 것이 있다면 이런 감정이나 어려움이 당신의 위로와 지지가 부족했기 때문이 아닌지 생각해 보라. 어떤 특성이 그것에 해당하는가?

_____

_____

3. 자녀에게 위로와 지지가 필요할 때 당신이 그것을 주지 못했던 경우가 있었는가? 그때의 잘못을 만회할 수 있는가? 그 아이에게 용서를 구할 필요가 있는가?

_____

_____

*4. 아래의 빈칸에 당신의 아이들에게 위로와 지지를 주기 위해 당신이 할 수 있는 것들을 열거해 보라. 그런 다음 이번 주에 해야 할 것 하나에 표시해 보라.

_____

_____

*5. 당신의 자녀들에게 다가오는 특별한 행사가 있는지 생각해 보라. 어느 경우에 그들이 당신의 위로와 지지가 가장 필요하다고 생각하는가? 그런 경우를 예상하고 준비하기 위해 지금 당신이 해야 할 일은 무엇인가?

_____

_____

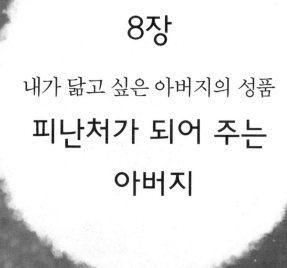

8장

내가 닮고 싶은 아버지의 성품

피난처가 되어 주는

아버지

THE FATHER CONNECTION

8장

내가
닮고 싶은
아버지의
성품
—
피난처가
되어 주는
아버지

*

143

데니스Denise는 내 친한 친구의 딸이다. 한 번은 그녀의 고등학교 선생님과 문제가 생겼다. 그 선생님은 데니스가 하지 않은 일을 가지고 그녀를 책망했고, 증거가 없음에도 그녀에게 수업에 들어오지 못하게 하거나 정학을 시키는 등의 심한 벌을 주겠다고 위협했다. 데니스는 반복해서 자신의 결백을 주장했지만 그 선생님은 처벌하겠다고 고집했다. 그러나 데니스는 확고부동했다.

데니스는 마음이 상하고 두려워서 "아빠에게 전화하고 싶어요."라고 말했다. 선생님은 데니스가 잘못한 것을 알면 그녀의 아빠가 당황해 하며 화를 낼 것이라 생각하면서 "지금 네 아빠를 부르는 게 좋겠어. 그렇지?"라고 말했다.

선생님은 데니스를 교무실로 데려갔고, 데니스가 그녀의 아빠에게 전화를 걸어 상황을 설명하는 동안 그 옆에 서 있었다.

"아빠가 오실 거예요." 데니스는 수화기를 내려놓으며 곧 눈물이 흘러내릴 것 같은 표정으로 말했다. 몇 분 되지 않아서 데니스의 아빠는 학교로 왔고, 딸과 선생님과 함께 자리에 앉았다. 전화에서 데니스로부터 대략적인 이야기를 들었기 때문에 그는 선생님에게 그 상황에 대해 설명해 주도록 요청했다. 선생님은 화를 내면서 방어적으로 그 상황에 대해서 설명했다.

마침내 데니스의 아빠가 일어나면서 "충분히 알았습니다."라고 말했다. 그는 딸의 어깨에 팔을 얹으면서 공손하게 선생님이 잘못이 없는 사람을 책망했으며 수업에 참여치 못하게 한다거나 정학이나 그의 딸에 대한 어떠한 보복 행위도 용인하지 않겠다고 말했다. 그는 데니스의 어깨에 팔을 얹은 채로 교무실 밖으로 데리고 나가서 선생님과 이야기를 마무리할 동안 교무실 밖에서 기다려 달라고 했다.

그는 교무실로 돌아와서 선생님에게 왜 데니스가 결백하다고 확신하는지를 설명했고, 그의 딸에게 사과해야 한다고 말한 후 돌아서서 교무실을 나왔다. 그가 복도로 나왔을 때 그의 딸은 다시 울려고 했다.

"왜 그러니?" 위기는 지나간 것처럼 보였기 때문에 아빠는 그렇게 물었다. 데니스는 겨우 눈물을 참고 미소 지으며 아버지의 목을 안았다. 그리고 "아빠, 나를 위해 여기에 와 줘서 고마워요. 아빠는 정말로 내 편이에요."라고 말했다.

그날 아버지는 딸에게 지극히 귀한 것을 전해 주었다. 그 당시는 그저 일상적인 일처럼 보였을 수도 있다. 그러나 그는 딸의 피난처가 됨으로써 딸로부터 진정한 감사를 받을 수 있었다. 그 사건은 딸에게 "아빠를 믿을 수 있어. 내가 힘들 때 아빠에게 달려갈 수 있어. 아빠는 나를 변호해 주고 내 편이 될 거야."라고 마음 속으로 말할 수 있는 안전감을 주었다.

오늘날 아빠들이 자녀들에게 그러한 태도를 심어 주는 것은 특별히 중요하다. 오늘날 대다수의 젊은이들이 불안감을 가지고 미래 사회를

8장

내가
닮고 싶은
아버지의
성품
–
피난처가
되어 주는
아버지

*

145

본다. 많은 사람들이 그들 미래에 대한 희망을 잃어버린 것처럼 보인다. 그들은 두려움과 분노의 긴 터널을 걷고 있다. 고등학교 학생 열 명 중 여섯 명은 자살했거나 자살을 시도한 친구를 알고 있다고 말한다.[28] 세 명 중 한 명은 학교에 무기를 가져온 친구를 알고 있다.[29] 많은 학생들의 친구나 아는 사람이 혼전 성교나 약물 남용과 같은 위험하고 불법적인 행동에 개입되어 있다. 다른 조사에서는 십대 초반의 아이들 중 68%가 이 세상에 미래가 있다는 것조차 믿을 수 없으며 32%는 핵폭탄에 의해 직접적으로 공격 받을 것이라고 믿고 있음을 보여 준다. 어린이들조차 그러한 두려움을 가지고 있다. 여러 해 전에 나딘 브로잔Nadin Brozan은 삼십 년 전의 취학 전 아이들이 가장 두려워하는 다섯 가지에 대한 연구 결과를 《뉴욕타임스Newyork Times》에 발표했다. 그 다섯 가지는 큰 소음, 어두운 방, 높은 장소, 무서운 동물, 그리고 낯선 사람이었다. 오늘날 취학 전 아이들이 가지고 있는 가장 큰 두려움은 이혼 때문에 부모를 잃는 것, 절도의 피해자가 되는 것, 노상강도, 강간 그리고 암이다.[30] 그리고 하나를 더한다면 테러에 대한 두려움이다. 우리 아이들은 우리 부모들이 살았던 세계와는 완전히 다른 세계에서 살고 있다.

이러한 분위기에서 아이들에게 안전한 장소가 필요하고, 미쳐가는 세상의 위험과 실망으로부터 피하여 쉴 수 있는 장소가 필요하다. 그들을 폭풍으로부터 보호해 줄 장소가 필요하다. 그들의 상처를 치료하고 회복할 수 있는 장소가 필요하다.

28) Cited in "The Facts About Teen Suicide," by David Elkind, Parents' Magazine (January 1990), p.111.
29) The 24th Annual Survey of High Achievers by Who's Who Among American High School Students, cited in "Top High School Students Admit They Have Cheated," Hamilton JournalNews, (October 20, 1993).
30) Nadine Brozan, "New Look at Fears of Children," New York Times (May 2, 1983), B5.

이것이 내가 아이들에게 되고 싶은 아버지의 모습이고, 내가 닮기 원하는 하나님 아버지의 모습이다.

나의 산성이신 하나님 아버지

──────── 이전에 양치기 소년이었던 다윗은 왕(가장 친한 친구의 아버지)의 박해와 추적을 받았던 인생의 가장 곤고한 시기에 숨어서 살았다. 그는 이전에는 국가의 영웅이었지만 이제는 도망을 다니는 신세가 되었다. 그는 이전에는 왕의 신하였지만 이제는 동굴 안에서 잠을 자야 했다. 이전에는 왕을 충성스럽게 섬겼지만 이제는 왕의 모사들이 그에 대해 왕에게 중상모략을 하고 있다. 이전에 이스라엘의 다음 왕으로 기름부음을 받았지만 지금 그의 미래는 어두워 보인다. 그는 자비를 베풀어서 왕의 생명을 살려 주었지만 그 왕이 자신의 생명을 뺏기 위해 추적하고 있다.

다윗의 문제들은 너무나 크게 보였다. 그래서 그는 사자들 가운데 거한 것처럼 느꼈고, 굶주린 맹수 가운데 있는 어린아이처럼 떨고 있었다. 그는 완전히 의기소침하였고, 자신이 당한 곤경으로 인해 쓰러질 지경이었다. 그 고통 중에서 마침내 다윗은 하나님 아버지에게로 나아와서 이렇게 외친다.

나도
아버지를
닮고
싶어요

"하나님이여 내게 은혜를 베푸소서 내게 은혜를 베푸소서 내 영혼이 주께로 피하되 주의 날개 그늘 아래에서 이 재앙들이 지나기까지 피하리이다."시57:1

그러나 몇 년이 지나지 않아서 다윗은 왕이 되었고, 그의 모든 적들을 물리쳤으며, 혼란 중에 있었던 왕국을 통일했고, 백성들로부터 존경을 받았다. 어떻게 이런 일들이 성취될 수 있었는가? 다윗은 후에 기록한 시편에서 그에 대한 답을 보여 준다.

8장

내가
닮고 싶은
아버지의
성품
—
피난처가
되어 주는
아버지

*

147

> "나의 힘이신 여호와여 내가 주를 사랑하나이다 여호와는 나의 반석이시요 나의 요새시요 나를 건지시는 이시요 나의 하나님이시요 내가 그 안에 피할 바위시요 나의 방패시요 나의 구원의 뿔이시요 나의 산성이시로다." 시 18:1-2

우리 하나님은 이런 분이시다. 그분은 우리의 방패시오, 우리의 산성이시며, 우리의 피난처시고, 우리의 숨을 곳이 되시는 분이시다.

> "여호와는 압제를 당하는 자의 요새이시요 환난 때의 요새이시로다." 시 9:9
> "만군의 여호와께서 우리와 함께하시니 야곱의 하나님은 우리의 피난처시로다." 시 46:7
> "여호와는 나의 사랑이시요 나의 요새이시요 나의 산성이시오 나를 건지시는 이시요 나의 방패이시니 내가 그에게 피하였고, 그가 내 백성을 내게 복종하게 하셨나이다." 시 144:2
> "하나님이여 주의 인자하심이 어찌 그리 보배로우신지요 사람들이 주의 날개 그늘 아래에 피하나이다." 시 36:7

우리의 본이 되신 하나님 아버지는 힘의 근원이시고, 그의 자녀들에게 안전한 피난처이시다. 그분 안에서 우리는 세상의 압박과 위협으로부터 안전히 거할 수 있다. 하나님은 우리의 피난처이시다.

당신은 이런 아버지가 되기를 원하는가? 물론 당신은 하나님처럼 전능하거나 전지한 사람이 될 수는 없다. 당신은 자녀들이 무엇보다도 먼저 하나님 아버지를 바라보기를 원한다. 하나님이 당신의 산성이시요, 피난처이신 것처럼 자녀들에게도 하나님이 피난처가 되시기를 원한다.

그러나 또한 당신이 하나님처럼 되기를 원한다는 것을 나는 알고 있다. 당신은 자녀들에게 피난처가 되기를 원한다. 당신은 자녀들이 항상 달려갈 수 있는 안전한 곳이 있다는 것을, 아버지가 있는 곳이 바로 그곳이라는 것을 알기를 원한다. 당신은 그들이 삶의 폭풍우와 동료로부터의 위협과 사춘기 때의 압력과 실망과 조롱과 두려움을 피하기 위해서 당신에게 올 수 있다는 것을 알기를 원한다. 만약 그들이 아버지가 안전한 피난처가 된다는 것을 안다면 그들은 가정과 가족들 안에서뿐 아니라 그들 자신에 대해서도 더욱 안전함과 평안함을 느끼게 될 가능성이 높다. 만약 누군가가 그들 뒤에서 변호해 주며, 그들을 보호하고 지지해 주리라는 것을 안다면, 그들의 자존감과 자신감이 더 성장하기 쉬울 것이다.

다른 모든 일과 마찬가지로 당신 자신의 힘과 지혜로 이 일을 이루려고 한다면 불가능할 것이다. 당신 혼자서는 매번 실패할 것이 확실하다. 그러나 당신은 혼자가 아니다. 당신은 "능력 주시는 자 안에서 모든 것을 할 수 있다."빌 4:13 당신이 성령 안에서 하나님 아버지를 의지할 때 하나님께서 다음에 제시하는 것과 같은 건전한 전략들을 수행할 수 있도록 당신을 통하여 일하실 것이다.

1. 위기에 대비하라

어느 날, 나는 딸 켈리를 데리러 학교에 갔다. 우리가 차가 있는 쪽으로 주차장을 가로질러 가고 있을 때 켈리가 갑자기 이렇게 물었다.

"아빠, 짐 배커Jim Bakker에 대해서 어떻게 생각하세요?"

그 당시 뉴스에서는 텔레비전 전도자로 유명했던 짐과 태미 배커 Jim and Tammy Bakker에 관한 스캔들로 떠들썩했고, 그 스캔들로 인해 그들이 운영했던 PTL Praise The Lord 텔레비전 방송은 문을 닫게 되었다. 그리고 이 스캔들은 중학생이었던 켈리의 반 친구들 사이에서도 토론 주제가 되었다.

나는 많은 목사들이나 그리스도인들이 PTL 스캔들에 대해서 다음과 같이 반응하는 말들을 듣고 있었다. "정말 역겨워.", "그들이 사역을 하지 못하도록 해야 해.", "그들은 진정한 그리스도인이 아니었을지도 몰라." 나는 그런 반응들로 표현된 실망감과 분노를 이해했지만, 또 다른 면에 대해 깨닫게 되었다. 내가 알게 된 고통스러운 사실은 바로 짐 배커에 대해서 그와 같은 반응을 보였던 목사들은 그의 교회 청소년들에게 "너희에게 문제가 생긴다면 나에게 오지 마."라고 이야기하는 위험을 저지르고 있다는 것이다. 십대 소녀들을 향해서 "만약 네가 결혼 전에 임신을 한다면 난 눈 하나 깜짝하지 않고 너를 정죄할 거야."라고 말하고 있는 것이나 다름없다. 짐 배커에 대해서 그렇게 비난했던 그리스도인 부모들은 그들의 자녀들에게 "네가 마약에 손대지 않거나 술을 마시지 않거나 임신을 하지 않거나 문제를 일으키지 않는 한, 우린 너희와 함께할 거야."라고 말하는 위험을 무릅쓰고 있었다.

그렇다면 켈리의 질문에 내가 어떻게 대답을 해야 하는가? 열세 살인 딸에게 죄인을 정죄하지 않고도 내가 죄에 대해 생각하는 바를 어떻게 말할 수 있을까? 나는 침을 꿀꺽 삼키고 입술을 깨물면서 힘들게 말했다. "켈리야, 짐 배커는 잘못을 저질렀어. 그것은 죄야." 나는 짐 배커가 했던 것들이 왜 죄인지에 대해서 설명하기 시작했다. 그런 다음 말했다. "그러나 켈리야, 네가 이것을 깨달았으면 해. 하나님께

8장

내가
닮고 싶은
아버지의
성품
–
피난처가
되어 주는
아버지

*

149

서 너와 나를 사랑하시는 만큼 짐 배커 또한 사랑하셔. 예수님께서 너와 나를 위해 죽으셨던 것처럼 그를 위해 죽으셨어. 하나님께서 짐 배커를 용서하실 수 없다면 너와 나도 하나님께 용서를 받을 수 없어."

차 있는 곳으로 계속 걸어가면서 켈리는 잠시 동안 말이 없었다. 반면에 나는 켈리에게 해줄 적절한 말을 찾고 있었다. 마침내 나는 깊게 숨을 들이마시면서 말했다. "켈리야, 이것을 좀 더 현실적으로 생각해보자. 만약 네가 임신을 한다면 이 아빠가 겪을 고통을 상상할 수 있겠니? 아빠는 십자가를 지게 될 거야. 우리 교회를 다니는 사람들 중에 반 정도는 나에게 등을 돌리겠지. 우리나라의 기독교 지도자나 잡지 편집자와 기자들, 전도자들 모두가 나를 화젯거리로 삼을 거야."

켈리는 나를 올려다보며 걱정스럽다는 듯 푸른 눈을 크게 뜨고서 "나도 알아요. 아빠."라고 말했다. 나는 "그렇지만 켈리야, 아빠는 네가 이 한 가지는 꼭 알았으면 좋겠어. 네가 만약 임신을 하게 된다면 나는 다른 모든 사람들이 하는 말에 신경 쓰지 않을 거야. 나는 그들 모두에게 등을 돌리더라도 결코 네게는 등을 돌리지 않을 거야. 내 팔로 너를 안고 함께 어려움을 헤쳐나갈 거야."라고 말했다.

그 순간 열세 살 난 내 딸 켈리는 책을 주차장 바닥에 떨어뜨리고 울기 시작했다. 그리고 팔로 나를 안고서 "아빠가 정말로 그렇게 하실 것을 알아요."라고 말했다.

어떤 사람들은 내가 너무 위험한 말을 한다고 생각할 수 있다. 켈리가 '어떤 상황이든지 아빠는 나를 사랑하니까 내가 임신해도 상관없을 거야.'라고 생각할 수도 있다는 것이다. 그러나 그 문제에 대해서 나는 염려하지 않았다. 왜냐하면 나는 켈리가 임신했을 때 뿐 아니라 어떤 종류의 어려움에 처하더라도 그녀의 피난처가 되기를 원했기 때문이다. 나는 켈리뿐 아니라 그녀의 형제들도 내가 그들의 보호자요, 폭풍을 만났을 때 피할 안전한 피난처가 된다는 것을 알기를 원한다.

2. 주의해서 관찰하라

내 친구 웨이크필드와 함께 썼던 책에서 그는 주의를 기울이는 것의 중요성에 대해서 말했다.

> 아들 조엘(그 당시 중학교 2학년이었다.)은 학교에서 언짢은 기분으로 돌아왔다. 나는 서재에 있었는데 조엘이 문을 쾅 닫으며 거칠게 말하는 것을 들었다. 저녁 식사 시간에도 그는 짜증을 내면서 빈정거리는 태도를 보였다. 저녁 늦은 시간, 서재에 앉아 있을 때 조엘이 다시 화를 내면서 그의 방문을 쾅 닫는 소리를 들었다.
>
> 그제야 섬광이 번쩍이듯이 내 마음에 어떤 중요한 문제가 조엘을 괴롭히고 있다는 생각이 들었다. 조엘은 지난 네 시간 동안 줄곧 눈에 띄게 기분이 상해 있었다. 나는 그의 방으로 들어가서 "조엘, 네가 학교에서 기분이 상해서 돌아왔다는 것을 지금에야 알았어. 학교에서 무슨 일이 있었는지 하고 싶은 이야기 없니?"라고 물었다.
>
> 아들은 울기 시작했다(사실은 진작 그 문제를 보지 못한 내가 바보스럽게 느껴졌다.). 그는 학교에서 일어났던 사건 때문에 마음이 상했던 것을 다 쏟아놓았다. 그는 무척이나 당황했고 선생님은 그를 오해하고 있었다. 어떻게 처리해야 할지 몰라서 그대로 그 문제를 안고 집으로 돌아왔고, 그것은 그의 부정적인 행동을 통해 계속 새어나오고 있었다. 내가 그 메시지를 감지할 수 있어서 감사했다.

자녀들의 피난처가 되기 위해서 아버지는 아이들을 주의 깊게 관찰해야 한다. 아이들의 말과 기분에 민감해야 한다. 그들의 염려와 근심들을 배려해 주어야 하며, 그들의 친구들도 알아가야 한다. 그들이 보는 텔레비전 오락 프로그램을 시청하고, 그들이 듣는 음악도 들어야 한다.

내가 알고 있는 한 아버지는 집에서 일을 할 때 아이들이 학교에서 돌아와 문을 열고 들어오면 그들을 환영하며 맞아들이는 습관이 있었다. 그 후에 아이들은 한 사람씩 사무실로 들어와 아빠의 무릎에 앉아서 (모두 십대들이다.) 그날 학교에서 있었던 일에 대해 말했다. 주중에 이러한 일과는 십오 분이 넘지 않지만 이 시간을 통해 그는 아이들의 관심사에 대해 이야기를 나눌 수 있고, 아이들은 학교 가는 날의 끝시간에 걱정거리를 내려놓거나 기쁜 일을 아빠와 함께 축하하며 보낼 수 있다.

이런 방법이 당신에게는 적합하지 않을 수 있다. 그러나 당신을 깨어 있도록 하고, 아이들이 무슨 일을 겪고 있는지 민감할 수 있도록 당신을 도와주는 적합한 방법을 찾으라.

3. 듣는 방법을 배우라

어느 성공한 사업가가 열여덟 살 된 자기 아들과의 관계에 만족하지 못하여 웨이크필드에게 상담하러 왔다. 그는 자신의 아들이 삶에 아무런 의욕이 없고, 약물에 중독되었으며, 인간관계도 파괴적이 되었다고 설명했다. 아버지와 아들 사이의 대화는 틀어졌고, 거의 한계점에 이르렀다.

웨이크필드는 그 아버지에게 다음 한 주 동안 아들과 함께 점심을 함께할 것을 제안하면서 "훈계나 설교는 하지 마십시오."라고 말했다. 웨이크필드는 "당신이 해야 할 일은 아들에게 관심을 표현하는 것이고, 그의 말을 들어 주는 것입니다."라고 설명했다.

그 사업가가 그 다음 주에 돌아와서 자신이 아들과 가졌던 시간에 대해 이야기했다. 웨이크필드는 "아들이 어떻게 반응하던가요?"라고 물었다. 그 사업가는 "제 아들은 점심을 먹는 동안 이 시간이 언제 끝날까 기다렸다고 말했어요."라며 말을 시작했다. 그 아들은 아버지가 자신의 잘못을 지적하거나 책망할 것이라고 생각하고 있었다. 왜냐하면 그들이 과거에 함께 이야기할 때 항상 그랬기 때문이었다. 그런데 그 아버지가 단지 자신의 말을 듣고자 한다는 사실에 놀라게 되었다.

자신의 아이들에게 피난처가 되기를 진정으로 원하는 아버지는 아이들의 말을 듣는 방법을 개발해야만 한다. 많은 경우에 우리 아이들은 힘들고 어려운 상황에 처했을 때 우리를 찾아온다. 그러나 자신의 문제를 말하는 순간, 아버지들은 기다리고 있었다는 듯이 그들의 잘못을 지적하고 책망하며 교훈하고 충고하기 시작한다.

"내가 그렇게 말했었지?" "도대체 무슨 생각을 하고 있었던 거야?" "네가 그런 바보 같은 행동을 했다니 믿을 수가 없어!" "이게 마지막 기회야!" "좋아, 이제부터 너는 이렇게 해야 해."

그러나 만약 우리가 하나님 아버지와 결속되어 있고 자녀를 양육하면서 기도하며 그분의 형상을 반영하고자 한다면 우리는 먼저 아이들의 이야기를 듣기 위해 시간을 내야 한다. 이야기 전체를 다 들을 때까지 비난과 질책을 자제해야 한다. 그래서 아이들이 우리가 미리 결론을 짓거나 섣부른 판단을 내릴 것에 대한 두려움을 느낄 필요 없이 자신의 어려움을 털어놓도록 해야 한다.

4. 사랑 안에서 진리를 말하라

부모들이 평균적으로 아이들에게 한 가지 긍정적인 말에 열 가지 부정적인 말을 한다는 것을 생각해 보면 왜 아이들이 다른 곳에서 그들의 피난처를 찾는지를 이해하는 것은 어렵지 않다. 대부분의 아버

8장

내가
닮고 싶은
아버지의
성품
−
피난처가
되어 주는
아버지

*

153

지들은 얼마나 사려 깊고 영적이냐에 상관없이 비판과 명령, 혹은 요구들을 담은 메시지를 전송하기 쉽다.

이것이 바로 우리가 말을 주의해서 하는 것이 왜 그렇게 중요한지에 대한 이유이다. 사도 바울은 이렇게 충고한다. "무릇 더러운 말은 너희 입 밖에도 내지 말고 오직 덕을 세우는 데 소용되는 대로 선한 말을 하여 듣는 자들에게 은혜를 끼치게 하라."엡 4:29

일반적으로 우리가 하는 말은 두 가지 중에 하나에 속한다. 첫째는 파괴적이고, 비판적이고, 해로운 말이고, 둘째는 긍정적이고, 신념을 주며 유익한 말이다.

당신과 내가 같은 방안에 있다고 가정해 보자. 당신은 나에게 자신을 소개하고자 한다. 내게로 걸어와서 악수를 청하고, 다음과 같이 말한다. "안녕하세요 조시, 저는 OOO입니다." 그러나 당신이 다음 말을 건네기도 전에 내가 당신의 뺨을 세게 때렸다고 하자. 당신은 나의 이상한 행동에 깜짝 놀라고 기분이 상하며 혼란스러울 것이다. 당신은 잠시 동안 구석으로 가서 어떻게 해야 할지를 생각한다. 마침내 다시 한 번 해보기로 마음을 정하고, 이번에는 조심스럽게 내 눈치를 살필 것이다. 그러나 다시 내가 손을 내밀어 당신을 때린다고 하자. 당신은 몇 번이나 내게 접근을 시도할 수 있겠는가?

우리의 말은 사람을 때리는 것처럼 악한 것이 될 수 있다. 말은 사람을 다치게 하고 상처를 남긴다. 우리가 아이들에게 비판이나 냉소나 정죄, 혐오스러운 말로 상처를 준다면 그들이 어려움에 처해서 우리에게 달려오기를 원할 때 문을 쾅 닫아버리는 것과 같다. 그러나 반면에 우리가 긍정적인 태도로 그들의 문제들을 다루면서 "사랑 안에서 진리를 말한다면"엡 4:15, 우리는 그들의 피난처가 될 것이다.

5. 자녀들에게 다가가라

8장

내가
닮고 싶은
아버지의
성품
-
피난처가
되어 주는
아버지

*

155

1992년 바르셀로나 올림픽에서 스포츠 역사상 가장 기념비적인 일이 일어났다. 영국의 데렉 레드몬드Derek Redmond는 그의 평생의 꿈이었던 올림픽에서 금메달을 따는 순간에 다가가고 있었다. 그는 400미터 경주의 준결승에 진출해 있었고, 출발 신호가 울렸을 때 데렉은 다른 선수들보다 앞서 뛰어나갔다. 그는 자신의 인생의 경주를 하고 있었고, 결승점이 보이기 시작했다.

그때 갑작스럽게 오른쪽 다리에서 칼로 찌르는 듯한 통증을 느끼기 시작했다. 다리 근육이 파열되면서 그는 트랙에 얼굴을 박고 말았다. 데렉에게 그 경주는 끝이 난 것이었다.

그러나 의료팀이 도착하기 전에 그는 두 발로 일어서기 위해서 애를 썼다. 비록 모든 선수들이 그를 앞서갔지만 그 경주를 끝내기로 작정하고 고통과 실망의 눈물을 흘리면서 앞으로 껑충껑충 뛰기 시작했다.

갑자기 어떤 사람이 트랙 주위의 안전요원을 제치고 트랙으로 뛰어들었다. 그는 데렉에게 달려와서 그를 껴안았다. 짐 레드몬드Jim Redmond는 울고 있는 그의 아들에게 말했다. "이렇게까지 하지 않아도 돼." 데렉은 "아니요, 끝까지 달릴 거예요."라고 말했다. 그의 아버지는 "그렇다면 우리 함께 이 경기를 끝내도록 하자."라고 말했다.

데렉의 아버지는 그의 아들의 어깨를 감쌌고, 주위에 있던 안전요원들을 물리치고 결승점을 향해 함께 달렸다. 그들은 절뚝거리며 함께 뛰었고, 데렉은 때때로 아버지의 어깨에 그의 머리를 파묻었다. 그러나 그들은 끝까지 데렉의 레인을 떠나지 않았다.

지켜보던 관중들은 모두가 그 장면을 보고 감동했다. 그리고는 한 사람씩 일어서서 아들의 결심과 아버지의 지지에 대해 환호하며 눈물을 흘리기 시작했다.

내 아이들을 지지하기 위해서 트랙 위로 달려가야 할 때 얼마나 많은 순간을 스탠드 위에 그대로 앉아 있었던가? "너무 많이"라고 고백할 수밖에 없다. 그러나 내 아이들에게 피난처가 된다는 것은 그들을 향해 달려가는 것이다. 그들이 상처를 받고 실망해 있을 때 그들에게 다가가는 것이다. 그것은 "끝까지 함께 달리자."라고 말하는 것을 의미한다. 그것은 군중들의 시선을 견뎌내고, 비평가들의 비난을 무시하는 것을 의미한다. 개인적인 위험을 감수해야 할 수도 있고, 전문적으로 볼 때 어리석은 일일 수도 있다. 그러나 아이들로부터 "아빠, 내 편이 되어 줘서 고마워요."라는 말을 듣는다면 그렇게 할 만한 가치가 있다.

6. 적절한 한계를 정하라

아이들에게 피난처가 된다는 것은 책망이나 훈계를 전혀 하지 않는, 지나치게 관대한 부모가 되는 것을 의미하지 않는다. 완전히 그 반대이다.

어느 날, 우리 집 근처 캘리포니아 주의 줄리안 시에 있는 산에서 산책을 하고 있었다. 그때 왜건 트럭을 가지고 미국을 여행하던 한 남자를 만났다. 그는 근처의 목초지에서 자신의 당나귀에게 풀을 먹이고 있었고, 나는 그와 대화를 나눌 수 있었다. 그는 가축을 키우는 데 있어서 전문가였고, 나는 그에게 "당신의 당나귀 같은 가축을 키우는 데 있어서 최선의 환경이 어떤 것이죠? 울타리가 없는 목초지인가요? 아니면 큰 울타리가 처진 초장인가요? 아니면 우리 안에서 키우는 것인가요?"라고 물었다. 그는 주저하지 않고 "울타리가 처진 초장이 제일 좋아요."라고 대답했다. 나는 "왜 그렇죠?" 하고 물었다. 그는 이렇게 대답했다. "왜냐하면 가축들을 울타리 없는 목초지에서 방목을 하면 그들은 길을 잃어요. 그래서 사나운 짐승으로부터 공격을 받을 수 있습니다. 목초지에서 방목을 하는 것은 안전하지 않습니다. 그러나 그들을 우리 안에서 키우면 항상 먹을 것을 공급해야 합니다. 그들은 돌아다닐 수도 없고, 스스로 풀을 뜯을 수도 없어요. 그러나 울타리가 있는 초장에서 기르면 가축들이 필요한 모든 것이 거기에 있고, 자기들 마음대로 움직일 수도 있습니다."

이 대화는 성경에 있는 훌륭한 비유를 떠올리게 한다. 우리를 사랑하시는 하나님 아버지는 푸른 초장과 쉴 만한 물가에서 우리에게 필요한 모든 것을 주셨다.시 23:2 그러나 우리에게 울타리 또한 주셨는데 바로 그리스도 안에서 우리를 자유하게 하는 완전한 자유와 진리의 법이 그것이다.참조 : 약 1:25, 요 8:32 울타리가 처진 초장은 가축들에게 좋을 뿐 아니라 우리의 자녀들에게도 좋다. 부모가 강압적이지도 않고 방임하지도 않을 때 아이들은 건전한 한계 안에서 잘 자라날 수 있다.

아버지가 자녀를 노엽게 하지 않고참조 : 엡 6:4, 그들의 관심사에 대해 대화하며 인도해 주는 건전한 한계를 세워 나갈 때 자녀들은 아버지를 피난처로 삼고 달려올 수 있다. 아버지는 아이들에게 경계선에 대해 명확하게 설명할 책임이 있고, 경계선은 아버지의 사랑과 용납과 관심이라는 사랑의 기초 위에 세워져야 한다.

7. 아이들을 도울 수 있는 네트워크를 형성하라

미국 문화는 남자란 독립적이고 자기의 길을 개척하고 자족해야 하는 존재로 묘사하는 경향이 있다. 많은 남자들은 자신들의 필요와 문제들을 드러내기를 꺼린다. 그들은 다른 사람들에게 도움을 요청하는 것을 어렵게 여긴다.

그러나 아이들의 피난처가 되기 위해서는 그들을 도울 수 있는 지원 시스템에 참여할 필요가 있다. 사실 기독교 공동체가 이 일에 적극적으로 참여해야 한다. 같은 마음을 품은 사람들, 즉 교회와 청년회 모임과 목회자, 교사들, 조언자와 친구, 가족들이 자료와 생각들을 나누고 힘을 합하여 우리 아이들을 위한 안전한 피난처를 세워 나가기 위해 함께 일하는 것은 대단히 가치 있는 일이다.

우리 아이들이 어렸을 때부터 딕과 샬롯 데이 부부와 그러한 관계를 맺을 수 있었던 것은 행운이었다. 우리는 서로 이웃에서 살았으며, 개인적으로뿐만 아니라 가족들끼리 많은 시간들을 함께 보낼 수 있었다. 우리는 함께 휴가를 떠났고, 아이들이 학교에 갈 때나 교회에 행사가 있을 때 카풀car pool을 하며 함께 차를 태워 주곤 했다. 그들 가족이 소풍을 갈 때는 우리 아이들을 데리고 갔고, 우리 또한 딕의 아이들을 데리고 갔다.

그와 같은 협력은 아름다운 열매를 맺었다. 딕의 아이들 중 하나가 그에게 "만약 아빠가 우리 아빠가 아니었다면 나는 조시 아저씨가 우리 아빠가 되기를 원했을 거예요."라고 말했다. 내가 헤더에게 누구를 최고의 아빠로 생각하는지 물었을 때 (물론 나를 제외하고!) 헤더는 "딕 아저씨요."라고 대답했다. 우리 아이들의 인생 가운데 그들이 어려움에 처할 때 달려갈 수 있는 또 다른 '아빠의 존재'가 있다는 사실이 내게 무척 위로가 되었다.

이와 같은 네트워크는 우리 아이들에게 안정감을 가져다 주었다. 물론 나는 우리 아이들이 피난처로서 나를 의지하기를 원했다. 그러나 아이들이 어려움에 처할 때 그들이 의지할 수 있는 다른 누군가가 있다는 것을 아는 것은 아이들과 나 자신 모두에게 도움이 되었다.

만약 당신이 당신 자녀들을 위해 이러한 네트워크를 가지고 있지 않다면 이제부터라도 한 가족을 택하라. 이러한 목적을 위해 함께 돕고, 기도하기 위해서 다른 그리스도인들을 초청하라. 어려움에 처할 때 편하게 이야기할 수 있는 사람이 누구인지 아이들에게 물어보라. 그리고 당신의 친구들에게 어떻게 하면 자신의 아이들과 상대방의 아이들에게 더욱 도움이 되고 친근해질 수 있을지를 물어보는 것을 두려워하지 말라.

아이들은 자라가면서 세상의 많은 요구들로 인한 스트레스와 실망감에 사로잡힌다. 그들은 학교에서, 집에서, 심지어는 교회에서조차 크나큰 압박에 직면하게 된다. 그들은 자주 혼란과 실망, 그리고 불안감을 느끼며 살아간다. 그러나 그들에게 안전한 피난처가 있다면 무슨 일을 당하던지 아버지가 함께하며 그들을 믿어 주고 보호하고 지지해 줄 것을 믿으면서 안전함을 느낄 수 있을 것이다.

만약 우리 아이들이 아버지가 그들의 피난처가 된다는 것을 안다면 마약과 알코올의 힘을 빌려 피난처를 찾으려고 하지 않을 것이다. 그들은 동료들이나 믿을 수 없는 친구들로부터 인정을 받는 것으로 피난처를 찾으려고 하지 않을 것이다. 그들은 어려움에 처할 때 아버지에게 달려와 아버지와 솔직하게 대화하며 도움을 구할 것이고, 그들에게 다가오는 폭풍들을 슬기롭게 헤쳐나갈 것이다.

우리 아이들 각자가 하나님 아버지 안에서 그리고 우리 아버지들 안에서 피난처를 찾을 수 있기를 소망한다.💌

8장

내가
닮고 싶은
아버지의
성품
-
피난처가
되어 주는
아버지

*

159

묵상, 토의 그리고 실천을 위한 질문들

1. 하나님이 진실로 당신의 피난처이신가? 그 이유는 무엇인가? 당신이 어려움에 처할 때 하나님의 어떤 속성이 당신으로 하여금 그분을 바라보게 하는가? 이런 하나님의 속성을 어떻게 당신의 삶에서 반영할 수 있는가?

_____

_____

_____

_____

*2. 다음 주에 당신의 아이들 각자와 점심이나 저녁 데이트를 하면서 웨이크필드가 아들과의 관계에 어려움을 겪고 있던 아버지에게 조언한 대로 해보라. 식사를 하면서 단지 듣는 데에만 집중하라. 다음과 같은 질문을 하라.

"요즘 네게 가장 큰 문제나 관심사가 무엇이니?" "네가 문제가 있을 때 누구와 가장 자주 이야기를 하니?" "네 문제에 대해서 아빠에게 말할 수 있겠니?" "아빠에게 말하기 어려운 문제가 있니?"

*3. 당신의 아이들이 현재 당신의 도움을 필요로 하는 과제나 문제가 있는지를 알아보라. 당신이 아이와의 관계를 향상시키고 그를 지지하기 위해서 할 수 있는 일이 무엇인가?

_____

_____

4. 당신의 아이들은 아빠와 엄마를 제외하고 그들을 지지해 줄 공동체가 있는가? 그들의 문제를 신뢰의 바탕위에서 편하게 말할 수 있는 그런 어른들이 있는가? 만약 당신이 모르겠으면 아이들에게 물어보라. 그들이 없다고 대답한다면, 어떻게 그들을 지지해 줄 수 있는 공동체를 만들어 줄 수 있을지를 생각해 보라.

*5. 아래 빈칸(혹은 별도의 종이)에 자녀들의 피난처가 되기 위해서 당신이 취할 수 있는 전략들을 열거해 보라(가능하면 구체적으로).

_____

_____

_____

_____

9장

내가 닮고 싶은 아버지의 성품

친구가 되어 주는

아버지

THE FATHER CONNECTION

9장

내가
닮고 싶은
아버지의
성품
–
친구가
되어 주는
아버지

＊

165

서른 살인 마이크Mike는 아버지의 장례식에서 슬픔을 억누르며 강단 뒤에 서 있었다. 많은 사람들이 이미 강단으로 나와서 삼십오 년간 사역을 하다가 오십대 초반의 나이에 암으로 사망한 고인을 기리며 추모의 말을 했다(미국 장례식의 경우 고인에 대해 추모의 말을 할 사람들은 강단에 나와 그를 기리는 송사를 한다. : 역주). 그 추모사들은 그가 얼마나 하나님을 사랑하고 사람들에게 영향을 끼쳤으며 글을 잘 썼는지 그리고 가족들을 얼마나 사랑했는지에 대해 극구 칭찬하는 내용이었다. 추모사를 맡은 사람들은 진실된 마음으로, 훌륭하게 살았던 한 사람의 사랑스런 기억들을 나누었다. 그러나 눈물로 이어진 마이크의 말들은 어떤 사람도 묘사할 수 없는 찬사로 그의 아버지를 추모하는 것이었다.

그가 걸음마를 배우던 시절에 아버지 무릎에 앉아서 끝없이 들었던 이야기들, 자전거를 배우던 일, 낚시여행, 일 대 일 농구 시합, 테니스 시합, 해변에서 함께 파도타기를 했던 일, 외아들인 그가 고등학교를 졸업할 때와 결혼할 때 그리고 학사 학위를 받았을 때 그의 감정들 드러내셨던 흔치 않은 일, 그리고 병원의 침대 옆에서 죽음의 시간을 기다니던 아버지와 친밀하게 나누던 긴 대화들에 대해 마이크는 이야기 했다. 마이크는 슬픔을 억누르면서 "아버지는 나의 최고의 친구였어요. 나는 아버지를 그리워할 것입니다. 그러나 나의 최고의 친구를 더욱 그리워할 것 같아요."라고 말했다.

큰 건설회사 부사장의 아내가 나에게 했던 이야기는 이 추모사와는 너무나 대조가 된다. 그녀는 내가 어느 지역 교회에서 강연하는 것을 들었고, 그 후 레스토랑에서 나에게 다가왔다. 나와 악수를 나누고는 갑자기 울기 시작했다. 그녀는 "당신에게 하고 싶은 이야기가 있어요."라고 주저하면서 다음의 이야기를 했다.

"남편이 얼마 전에 죽었어요. 그는 일 년에 백만 달러를 버는 사람이었고 건축 공사를 위해 전세계를 돌아 다녔어요. 그러나 아이들과는 전혀 시간을 보내지 않았고, 집에서조차 그랬어요. 아이들 모두 그에게 등을 돌렸고, 다 커버린 뒤로는 아버지와 담을 쌓고 살았어요. 그는 임종 시에 자신은 이 세상에서 가장 쓸쓸하게 죽어가는 사람 중에 한 명이라고 고백하면서 '나는 부를 얻었지만, 가족을 잃었다.'라고 말했어요."

이런 두 아버지들 중에 내가 어느 아버지를 닮고 싶은지는 말하지 않아도 잘 알 것이라고 확신한다. 나는 마이크의 아버지처럼 되고 싶다. 아이들과 함께하는 것을 즐기는 아버지가 되고 싶다. 딸은 단지 아빠와 이야기하고 싶어서 직장으로 전화를 하고, 아들은 자신의 결혼식에서 베스트 맨이 되어 달라고 부탁하는 그런 아버지가 되기를 원한다. 나는 아이들에게 친구 같은 아버지가 되기를 원한다.

많은 남자들에게 이런 일들은 쉬운 일이 아니다. 그러나 아마도 한 세대나 두 세대 전보다는 훨씬 나아졌을 것이다. 이와 관련하여 제리 애들러는 《뉴스위크》지에 이렇게 썼다.

9장

내가
닮고 싶은
아버지의
성품
-
친구가
되어 주는
아버지

*

167

> 샌프란시스코에서 사업을 하던 49살의 로버트 블루멘펠트Robert Blumen-feld는 자신의 아버지가 몇 번이나 야구를 하면서 함께 놀아 줬는지(단 한 번)를, 그리고 고등학교를 졸업할 때 아버지가 무슨 말을 하셨는지를 정확하게 기억하고 있다. "18살에 프로 야구팀과 10만 불짜리 계약을 한 아이도 있어." 노스캐롤라이나 채플 힐Chapel Hill에서 기술자로 일하던 46세의 댄 코에닉쇼퍼Dan Koenigshofer는 "아버지가 나를 사랑한다고 말한 것을 들은 기억이 없다."(아버지가 50년대식의 과묵한 자기 방식으로 그를 사랑하신다는 것을 그도 확신하고 있었다.)고 했다. 하버드 대학의 경제학자였던 데이비드 웨인스타인은 32년 전 자신이 태어났을 때 그의 아버지가 어디에 있었는지를 알고 있다. 그는 사무실에 있었다. 그 시절에는 아버지가 태어난 아들을 그 다음날에 보러 와도 빠른 것이었다.[31]

우리는 이런 아버지들과 같지는 않을 것이다. 그러나 여전히 우리 중 많은 사람들이 아버지의 역할에 대한 수많은 잘못된 개념들을 가지고 아버지 노릇을 하고 있다. 어떤 사람은 이상적인 남자로서 "마초 macho", 즉 어떤 사람의 도움도 필요가 없는 터프하고, 우람한 체격을 가진 남자에 대한 환상을 가지고 있다. 또 다른 사람들은 "남자는 일하고, 여자는 아이들을 돌보아야 한다."는 잘못된 태도를 가지고 있다. 또 다른 사람들은 아이들에게 친구가 되어 주는 것은 나약하다는 표시로 받아들인다. 어떤 사람은 아버지로서 주요한 역할은 아내와 아이들에게 힘과 권위를 행사하는 것이라고 생각하는 경향이 있다. 또 다른 사람은 자녀와 친밀한 관계를 맺는데 어려움을 느끼고, 심지어는 두려워하기까지 한다. 또 어떤 사람은 솔직히 말해서 어떻게 아이들과 친구가 될 수 있는지를 알지 못한다. 자신의 아버지와 그와 같은 관

31) Jerry Adler, "Building a Better Dad," Newsweek (June 17, 1996), p.60.

계를 맺어본 적이 없기 때문이다.

그러나 우리의 아버지와의 관계가 얼마나 빈약하고 거리감이 있으며 결함투성이였는지에 상관없이 우리는 친구 되신 아버지로서 본이 되시는 분이 있다. 그분은 바로 우리의 하나님 아버지이시다.

우리의 참된 친구

───────── 하나님의 속성과 성품이 우리가 옳고 선한 것으로 알고 있는 모든 것의 근본이 되듯이 그는 아버지의 역할에 있어서도 표준이 되신다. 그는 또한 우리에게 자녀와 친구가 되는 아버지의 본도 보여 주셨다.

하나님이 그의 자녀들에게 친구가 되신 것과 그것을 소망하신다는 사실은 역사 속 인물들과의 상호관계를 통하여 알 수 있다. 하나님은 아브라함을 "열국의 아비"창 17:4-5; 롬 4:17-18로 삼으심으로 그 믿음을 보상하셨는데, 성경은 그를 "하나님의 친구"라고 언급하고 있다.

> "우리 하나님이시여 전에 이 땅 주민을 주의 백성 이스라엘 앞에서 쫓아내시고 그 땅을 주께서 사랑하시는 아브라함의 자손에게 영원히 주지 아니하셨나이까."대하 20:7
> "그러나 나의 종 너 이스라엘아 내가 택한 야곱아 나의 벗 아브라함의 자손아."사 41:8
> "이에 성경에 이른 바 아브라함이 하나님을 믿으니 이것을 의로 여기셨다는 말씀이 이루어졌고 그는 하나님의 벗이라 칭함을 받았나니"약 2:23

이스라엘 백성들이 광야에서 성막을 세우고 모세가 하나님께 예배하고 협의하기 위해 회막으로 들어갔을 때, 하나님의 임재를 상징했던 구름 기둥이 회막 문에 서 있었다. 그리고 성경은 그때의 일을 다음과 같이 말한다.

9장

내가
닮고 싶은
아버지의
성품
—
친구가
되어 주는
아버지

*
169

> "사람이 자기의 친구와 이야기함같이 여호와께서는 모세와 대면하여 말씀하시며"출 33:11

하나님께서는 사무엘을 통하여 이스라엘의 첫 왕이었던 사울에게 왕위와 왕국을 빼앗길 것이라고 말씀하시고, 또한 다윗이 통치하게 될 것이라고 발표했을 때 다윗과의 우정에 대해 주목할 만한 말씀을 하셨다.

> "지금은 왕의 나라가 길지 못할 것이라 여호와께서 왕에게 명령하신 바를 왕이 지키지 아니하였으므로 여호와께서 그의 마음에 맞는 사람을 구하여 여호와께서 그를 그의 백성의 지도자로 삼으셨느니라."삼상 13:14

사무엘을 통하여 다윗에 대하여 언급했던 구절인 "그의 마음에 맞는 사람"이라는 표현은 상당히 가까운 관계와 우정, 그리고 친밀함을 보여 준다.

아브라함과 모세와 다윗처럼 우리는 하나님 아버지를 친구라고 부를 수 있는 특권을 가지고 있다. 우리 하나님 아버지는 그의 자녀들에게 친구가 되신다. 그는 언제나 우리와 함께하신다. 그는 우리와 함께 시간을 보내기를 원하시며 자신이 누구신지를 보여 주기를 원하신다. 그분은 우리를 아시며, 우리 또한 그분을 더 잘 알아가기를 원하신다. 하나님은 우리와 함께하는 것을 즐기신다. 그분은 우리가 웃을 때에 즐거워하시고, 우리의 찬양을 통해 영광을 받으시며, 우리가 승리할 때 기뻐하신다.

우리가 기억해야 할 중요한 사실은 하나님은 우리의 아버지가 되시거나 친구가 되시는 것 사이에서 선택할 필요가 없다는 것이다. 그분은 한쪽을 선호하고 다른 한쪽을 무시하는 분이 아니다. 하나님은 우리의 아버지이시고, 그것이 하나님의 속성이다. 그분은 우리의 친구이며, 이 또한 그분의 속성을 반영하는 것이다. 자녀에게 친구가 된다는 것은 아버지가 되는 것의 한 부분이다.

나는 아이들에게 아버지와 친구가 되는 아버지가 되기를 원한다. 나는 아이들과의 우정이 나의 아버지의 역할에서 자연스러운 모습이 되기를 원한다. 아이들로부터 우정을 얻으려고 아버지로서의 나의 책임을 희생시키는 잘못을 범하지 않을 것이다. 그러나 하나님 아버지로부터 내가 배운 한 가지는 꼭 그렇게 할 필요가 없다는 것이다. 내가 하나님 아버지를 닮아가려고 한다면 나에게 필요한 것은 날마다 성령 안에서 그를 의지하고, 아이들과의 참된 우정을 발전시킬 다음의 전략들을 실천하면서 그의 도우심을 구하는 것이다.

1. 시간을 내어 주라

당신이 큰 회사의 사장과 친한 친구라고 가정해 보자. 오늘은 금요일이고, 그 친구를 잠깐 만나 할 이야기가 있어서 그의 사무실로 가서 비서에게 사장을 잠깐 만날 수 있는지를 묻는다. 그런데 비서가 "죄송합니다. 다음 화요일까지 선약이 있어서 만날 수가 없어요. 그때 다시 오세요."라고 말한다. 당신은 미안한 표정으로 미소를 지으며 "이봐요, 시간을 많이 빼앗지는 않을 겁니다. 사장님께 꼭 만나야 한다고 말씀해 주세요. 몇 분이면 됩니다."라고 말한다. 그 비서는 사장에게 전화를 해서 당신이 그를 만나기 위해서 와 있다고 전해 준다. 그 비

9장

내가
닮고 싶은
아버지의
성품
－
친구가
되어 주는
아버지

*

171

서가 당신의 이름을 언급하지만 당신은 인터폰을 통해서 "지금 방해받고 싶지 않아요. 다음 주 화요일에 약속을 해줘요."라는 당신 친구의 목소리를 듣는다.

이런 말을 들었다면 당신의 기분은 어떻겠는가? 그 사장의 반응이 당신의 우정에 영향을 미칠 것이라고 생각하는가? 당신은 여전히 그 친구를 가장 가까운 친구로 생각할 것인가? 아마도 당신이 생각하는 우정의 정도와 사장의 그것과는 차이가 있다고 생각하게 될 것이다.

우리가 함께 시간을 보내 주지 못했을 때 아이들도 이렇게 느낄 것이다. 물론 당신이 하던 일을 바로 중단할 수 없는 경우도 있다는 것을 나도 안다. 걸음마를 하는 어린아이의 질문에 대답하기 위해서 혹은 리틀 야구 리그에서 아이들과 캐치볼을 하기 위해서 당신이 하던 모든 것을 언제나 중단할 수는 없다. 그러나 우리 대부분은 지금보다는 아이들에게 더 많은 시간을 내어 줄 수 있다.

일곱 살이었던 아들 션이 내게로 다가왔을 때 나는 원고 마감시간을 바로 앞에 두고 원고를 끝내야 하는 중요한 시점에 있었다. 나는 그가 말도 꺼내기 전에 말문을 막았다.

"션, 지금은 안 돼. 지금 이 원고를 끝내야 하거든."

아들이 실망해서 방을 나가자마자 아내 도티가 들어왔다.

"여보, 원고 마감시간은 앞으로도 얼마든지 있겠지만, 일곱 살짜리 아들이 아빠와 함께 보내고 싶어 하는 시간은 항상 있는 게 아니에요."

아내가 옳았다. 나도 알고 있었다. 그래서 주저 없이 펜을 놓고 편안하고 큰 의자에서 일어나 아들을 찾으러 갔다.

그 일로 아이들과 함께하는 것에 대한 많은 교훈 중 한 가지를 배울 수 있었다. 아이들과 우정을 쌓아가기 위해서는 그들에게 관심(함께 외식을 하거나 놀이공원에 함께 가는 것)뿐 아니라 유용성(아이들이 말하거나 들고자 할 때, 혹은 잠시 동안 조용히 함께 있기를 원할 때 거기에 함께 있어 주는 것)이 필요하다는 것이다.

2. 투명한 사람이 되라

아이들은 자라면서 많은 어려움들을 겪는다. 만일 그들이 따르는 어른들이 신처럼 완벽하고 실수를 하지 않는 사람처럼 보인다면 아이들은 스스로를 열등한 존재로 느낄 수 있고 그들이 겪는 어려움을 그들에게 무엇인가 잘못이 있다는 증거로 받아들일 수도 있다. '신들'과 함께 산다면 주눅이 들 수밖에 없다. 아이들은 자신을 적절히 드러낼 수 있는 어른들과의 관계가 필요하다.

투명성이 어떤 때는 적합할 수 있고, 어떤 때는 부적합할 수도 있다. 부적합한 경우는 자기 내면을 적나라하게 드러내어 아이들에게 악영향을 끼치는 경우이다. 끊임없이 스스로를 질책하고, 자신의 행동을 어리석다고 비난하며, 자신의 실패를 반복적으로 말하는 아버지의 솔직함은 부적절하다. 그는 아이들에게 낮은 자존감의 본을 보이고, 이것은 결국 아이들에게 불안감을 심어 준다. 아버지가 무능하다고 생각하는 아이들은 도움이 필요할 때 아버지를 찾지 않을 가능성이 높다.

적절한 투명성은 아이들로 하여금 아버지의 내면을 보게 한다. 아이들은 아버지의 아동기와 청소년기 때의 경험담을 들으며 아버지가 자기 자신에 대해서, 자신의 남성상과 인생에서의 자기 역할에 대해서 어떻게 인식하고 있는지를 알게 된다. 적절한 투명성은 아이들에게 아버지가 어떻게 실패, 성공, 실망, 칭찬과 비난들을 다루었는지에 대한 통찰력을 얻게 해준다. 적절한 투명성은 자신의 감정들을 표현하는 능력을 포함한다. 많은 남성들이 감정을 표현하는 대신에 억제하도록 배운다. 남성들이 눈물을 보이는 것은 금기시 된다. 그러나 당신이 기쁨과 실망, 두려움과 갈망에 대해서 자유롭게 이야기하고 웃고 울 수 있다면 아이들이 당신을 더 잘 알 수 있을 것이다. 그렇게 함으로써 당신은 우정의 문을 열게 될 것이다.

9장

내가
닮고 싶은
아버지의
성품
－
친구가
되어 주는
아버지

*

173

3. 개방형 질문을 하라

나는 아이들과 대화를 계속 이어갈 수 있고, 서로를 알아갈 수 있는 (그래서 우리의 우정이 더 깊어질 수 있는) 질문을 하기 위해서 노력해 왔다. 차를 운전하면서, 같이 길을 걸으면서, 은행에서 차례를 기다리면서 나는 아이들에게 이러한 질문을 했다. 다음은 그러한 질문들의 예이다.

> "만일 우리 가족을 변화시킬 수 있다면 무엇을 바꿀 거니?"
> (어떤 대답이 나올지 마음을 단단히 먹고 있어야 한다.)
> "네가 아빠라면 어떻게 다르게 할 거니?"
> (이것 역시 어떤 대답이 나올지 마음을 단단히 먹고 있어야 한다.)
> "가장 재미있었던 시간은 언제였니?"
> "가장 최근에 당황했던 일은 어떤 일이었니?"
> "가장 심하게 울었던 때는 언제였니?"
> "하나님이 가장 가깝게 느껴졌을 때는 언제였니?"
> "10억 원을 가졌다면 그 돈으로 무엇을 할 거니?"
> "하나님께 한 가지 질문을 할 수 있다면 어떤 질문을 할 거니?"
> "세상에서 어디든지 가볼 수 있다면 어디에 가고 싶니?"

한 번은 동물원 구경을 갔다가 집에 올 때 꽤 오랫동안 운전을 해야 했다. 우리가 주차장을 떠날 때, 나는 아이들에게 "얘들아, 간단한 게임을 하자. 오늘 너희들이 본 동물들 중에 너희를 가장 닮은 동물이 어떤 동물이라고 생각하니? 그리고 그 이유에 대해서도 말해 줄래?"라고 했다. 그리고 거의 100km를 운전하는 동안 도티와 나는 우리 아이들이 자신들에 대해서 어떻게 생각하고 있는지에 대한 놀라운 통찰력을 얻었다. 당시 3년 6개월이 된 케이티는 자신이 곰과 비슷하다고 말했다. "왜?"라고 내가 물었을 때 케이티는 "안아 주는 게 좋으니까요."라고 말했다. 케이티는 뒷좌석에 앉아 있었는데, 나는 도로 옆에 차를 세우고 내려서 그 아이가 앉아 있던 좌석 쪽으로 돌아가서 문을 열고 곰처럼 안아 주었다. 그리고 여행을 계속했다.

4. 함께 즐길 수 있는 것을 개발하라

언젠가 한 아버지가 나에게 이렇게 말한 적이 있다.

"아들과 좋은 시간을 갖기 위해 데리고 나갔지만 그 아이는 전혀 재미있어 하지 않았어요. 모든 것이 실패로 끝났어요."

나는 그에게 "그와 함께 무엇을 했죠?" 하고 물었다. "음, 나는 골프를 좋아해요. 그래서 아들을 골프장으로 데려갔어요." 그런 다음 그는 눈살을 찌푸리면서 "아들은 골프를 싫어한다는 걸 알게 되었어요. 그래서 그랬나 봅니다."라고 말했다.

물론 이 아버지는 아들과 함께 시간을 보내기를 원했지만 자신의 방식대로 자기 편리를 따랐다. 만약 그가 아들과 함께 즐길 수 있는 것을 개발했다면 훨씬 성공적이었을 것이다. 서로가 공통의 흥미를 가진다면 그것으로 서로의 우정을 쌓아갈 수 있다. 당신에게 어떤 친구들이 있는지를 보라. 당신에게는 '골프 친구'나 '낚시 친구'가 있을 수 있고, '대학 동창', '동아리 친구', 혹은 '군대 친구들'도 있을 것이다. 당

9장

내가
닮고 싶은
아버지의
성품
-
친구가
되어 주는
아버지

*

175

신은 친구와 함께 경매장이나 클래식 자동차 전시장에 간 적도 있을 것이다. 당신 친구들이 친구인 이유는 교회를 함께 가거나 함께 운동 경기에 가기 때문이다. 이처럼 공통의 흥미를 가지는 것이 우정을 키우는 좋은 방법이다.

지혜로운 아버지는 아이들이 어릴 때부터 아이들과 함께 즐길 수 있는 일을 개발해 간다. 취학 전의 자녀에게 책을 읽어 주는 아버지는 나중에 책의 내용과 생각들을 서로 나눌 수 있는 접촉점을 만들어 가는 것이다. 내 아이들이 내게로 와서 "아빠, 이 책 읽어봐요. 정말로 좋아하실 거예요."라고 말할 때마다 나는 정말 기쁘다.

당신의 자녀와 공동의 관심사를 개발해 가는 것은 결코 늦지 않았다. 내 아들 션이 열 살쯤 되었을 때, 그는 스포츠카(마세라티, 람보르기니, 페라리 테스타로사와 같은 비싼 차들)에 대해서 관심이 많았다. 아들 션이 잡지나 신문광고에서 이런 차들을 찾는 것을 보면서 그의 차에 대한 흥미가 일시적이 아니라는 것을 알았다. 그래서 한 가지 아이디어를 생각해 냈고, 전화번호부 책을 뒤져서 비벌리 힐즈에 있는 비싼 스포츠카를 파는 몇 개의 회사들을 찾아냈다. 그런 다음 나는 그들에게 다음과 같은 편지를 보냈다.

저는 아들을 키우는 아빠입니다 제 아들과 시간을 함께 보낼 수 있다면 어떤 일이라도 할 수 있는 절박한 심정입니다. 지금 제 아들이 스포츠카에 완전히 빠져 있어요. 제 아들을 데리고 귀사의 전시장에 간다면 아들과 함께 차를 시운전해 볼 수 있을까요?

나는 차를 사는 데는 관심이 없다는 것을 서두에 썼다. 그런데 놀랍게도 한 회사도 나의 제안을 거절하지 않았다. 나는 전화를 해서 약속을 잡았고, 아들과 함께 스포츠카 전시장이 있는 비벌리 힐즈로 240km를 운전해서 갔다. 얼마나 기쁜 날이었는지! 션은 영업사원과 함께 여러분이 생각할 수 있는 거의 모든 비싼 스포츠카를 타보는 경험을 했다. 차를 타고 전시장으로 돌아올 때마다 아들 션은 차창 밖으로 나를 향해 손을 흔들며 자랑스러워했다.

그날 오후에 집으로 돌아오는 길은 아들 션에게 부와 소유, 그리고 물질주의에 대해 이야기할 수 있는 좋은 기회가 되었다. 그러나 더 중요한 것은 우리가 서로 더 가까워졌고, 아들과의 우정이 조금 더 깊고 넓어졌다는 것이다.

5. 특별한 노력을 기울이라

한 번은 기자가 잡지기사를 쓰기 위해 나를 인터뷰하러 집으로 왔다. 그녀는 기독교 매거진에서 글을 쓰는 기자였지만 잡지의 판매부수를 늘리기 위해 나에 대한 어떤 부정적인 면을 찾고자 애쓰는 것이 분명했다. 그녀는 우리를 지켜보던 여덟 살 된 션에게 "아빠에 대해서 싫은 점 한 가지만 말해 주겠니?"라고 물었다. 션은 "아무것도 없어요."라고 대답했다. 그녀는 계속해서 재촉했지만, 아무 결과도 얻을 수 없었다. 그래서 그녀는 웃음을 짓고, 아이를 달래면서 이렇게 말했다. "아빠에 대해서 싫은 점이 한 가지는 있어야지!" 마침내 션은 어떤 것을 생각해 냈다. "저는 아빠가 어디로 가실 때가 싫어요." 그 기자의 얼굴은 밝아졌고, 그녀의 기사에 흥미를 더할 하나의 요소를 발견했다는 표정이었다.

그 인터뷰를 마친 후에 기자가 집을 나갈 때, 나는 그녀에게 아빠에 대해서 가장 좋았던 것 또한 질문해야 균형 있는 기사가 되지 않겠

냐고 말했다. 나의 말에 동의한 그녀는 선에게 물었다. 선은 주저하지 않고, "나와 시간을 많이 보내 주는 것이 가장 좋아요."라고 답했다.

그 기자는 명백히 모순되는 사실에 당황한 것처럼 보였다. 나는 그녀에게 아들의 대답이 내가 아이들에게 항상 바라던 것과 같다고 설명해 주었다. 나는 아이들이 아빠가 그들로부터 멀어지는 것을 좋아하지 않고, 그들과 항상 많은 시간을 보낸다고 느끼기를 바랐다.

많은 남자들의 직업이 가정으로부터 그들을 멀어지게 하는 것처럼, 나 또한 바쁜 강연 일정 때문에 가족과 함께 시간을 보내는 것이 쉽지 않았다. 항상 성공적인 것은 아니었지만, 아이들과의 우정을 쌓아가기 위해서 나는 특별한 노력을 했다. 강연을 위해 여행을 떠날 때 가급적이면 아이들을 한 명씩 데리고 갔다. 그들과 보낼 시간을 얻기 위해 일정이 일찍 끝나도록 조정을 했다. 또한 매일 집으로 전화를 했고, 가족들 모두와 통화를 했다.

한 번은 러시아에서의 일정 때문에 선의 고등학교 농구 경기를 응원하지 못하게 되었을 때, 아내가 경기장으로 가져간 핸드폰으로 하프타임 때 전화를 하겠다고 약속했다(당시에 핸드폰은 정말로 귀한 것이었다.). 그것은 직접 참석해서 응원하는 것만큼은 못했지만, 그를 더욱 보고 싶게 만들었고, 선은 그가 나에게 얼마나 소중한 존재인지 알게 되었다(그리고 그의 팀도 이것을 알게 되었다.).

내가 여행에서 돌아오면 아이들 각각을 위한 특별한 시간을 내었고(한 사람씩 밖으로 데리고 가서 아침을 먹거나 학교가 마친 후에 그들을 차에 태워서 집으로 데려오는 일 등), 그들과 최대한 많은 시간을 갖기 위해서 노력했다.

6. 아이들의 친구들과 친해지라

자녀에게 아버지도 되고 친구도 되는 또 다른 전략은 아이들의 친구들과 친해지는 것이다. 도티와 나는 우리 아이들의 친구들을 집으로 초대하는 것을 좋아했다(도티는 정말로 '끝내 주는 엄마'였다.). 우리는 아이들의 친구들을 가족 야유회나 특별한 가족 행사에 포함시키려고 노력했다. 그리고 자주 운전기사 역할을 했다. 왜냐하면 자동차 백미러를 통해 보면서 많은 것을 배울 수 있다는 것을 알기 때문이었다.

예를 들어서, 한 번은 켈리와 그녀의 친구들을 LA 레이커스LA Lakers의 농구 경기에 데리고 가면서 곁눈질을 통해 십대 여자아이들과 그들의 우정에 대해 흥미 있는 관찰을 할 수 있었다. 차의 백미러로 켈리와 그녀의 친구들을 보면서 그들이 이야기하는 것과 그들이 흥미 있어 하는 것, 그리고 켈리가 그들과 어떻게 어울리는지에 주의를 기울였다. 나는 켈리가 거만한지, 친구들과 어울리면서 소심한지, 모든 사람과 어울리려고 노력을 하는지, 친구들에게 너그러운 자세를 보이는지를 알기를 원했다. 그 농구 경기는 켈리가 어떻게 친구들과 어울리는지를 볼 수 있는 더 많은 기회를 주었고, 집으로 오는 길에 아이스크림 가게에 잠깐 들렀을 때 여기서 나는 아이들의 더 많은 면을 관찰할 수 있었다. 그 전체 시간은 딸의 친구가 되기를 원했던 아버지가 즐거움도 누리고 배움도 가질 수 있었던 아주 풍성한 저녁 시간이었다.

7. 전통을 개발하라

아이들이 어렸을 때, 우리는 친구들과 우리 집을 찾은 손님들이 이상하게 생각했던 하나의 전통을 가지고 있었다. 방문객이 누구이든지, 혹은 어떤 상황이든지에 상관없이 양해를 구하고 나는 아이들과 함께 그들의 침실로 들어갔다. 만약 우리가 손님을 초청했다면 그들에게 "오후 6시 30분 혹은 7시에는 조시가 함께하지 못하게 될 것"이라는 것을 미리 알려 준다. 우리는 또한 사람들에게 "저녁 6시 30분부터 9시 사이에는 조시에게 전화하지 마세요. 조시는 아이들과 함께 시간을 갖기 때문에 전화를 받을 수 없습니다."라고 알려 주었다.

이 2시간 30분 동안은 나와 아이들만의 시간이었다. 나는 때때로 아이들과 함께 산책을 했고, 어떤 때는 방에서 씨름을 했다. 그리고 때로는 함께 책을 읽었다.

우리 침실에는 친구가 선물로 준 자쿠치가 설치되어 있는데, 자쿠치에 들어가는 것은 우리가 가장 좋아했던 활동 중 하나였다. 때때로 자쿠치 안에서 대화를 했고, 어떤 때는 자쿠치 안에서 쉬면서 텔레비전의 게임쇼를 보기도 했다. 어느 날 밤에 우리는 재미삼아서 큰 타파웨어 그릇에 팝콘을 가득 채우고, 그것을 물 위에 띄웠다. 그릇은 빙글빙글 돌면서 떠다녔고, 모두가 그 팝콘을 실컷 먹을 수 있었다. 아이들은 여러 주 동안 그것에 대해서 이야기를 했고, 심지어 나는 선생님들과 여러 아버지들까지 '자쿠치에서 먹은 팝콘'에 대해 이야기하는 것을 들었다.

이러한 전통들은 아이들과의 우정이 뿌리를 내리고 자라게 하는 데 햇빛과 물과 같은 역할을 할 것이다. 우리와 친한 한 가족은 근처의 마켓에 있는 푸드코트에서 '혁신적인 저녁 식사'를 하기도 한다. 그들은 푸드코트에 있는 모든 음식점을 둘러보고 각 음식점에서 가장 싼 음식을 하나씩 시켜서 네 명의 가족이 나누어서 먹는다.

어떤 전통을 개발하든지, 그것들은 모두에게 재미있어야 하며, 서로가 대화하고 상호 소통할 수 있는 기회가 되어야 한다는 것을 명심

9장

내가
닮고 싶은
아버지의
성품
–
친구가
되어 주는
아버지

*

179

하라(예를 들어서, 영화를 보는 것은 좋은 전통이 아니다. 왜냐하면 대화의 기회가 거의 없기 때문이다. 그러나 미니골프 게임은 두 시간 정도의 대화의 시간을 제공해 준다.).

아이들에게 시간을 내어 주고, 투명하며, 아이들을 이해하기 위해 질문을 하고, 함께 즐길 수 있는 것을 개발하고, 아이들의 친구를 알아가며, 아이들과의 관계를 위해 특별한 노력을 기울이는 그리고 가족들과 의미 있는 전통을 세워 가는 아버지는 아버지가 되시며 친구도 되시는 하나님 아버지와 같은 아버지가 되기 위한 기나긴 여정을 계속할 것이다.

이런 아버지는 아이들에게 우정 이상의 것을 심어 준다. 그는 아이들에게 인간관계에 대한 교훈을 주며, 진정한 우정의 참 모델을 제시한다. 그는 위험하고 상처를 주는 우정으로부터 아이들을 보호하는 '보호막'을 제공한다. 그는 아이들이 청소년 시기부터 성년기에 이르기까지 동료들과 좋은 관계를 맺도록 사회적으로 준비시킨다. 그는 많은 변화와 도전의 시기인 청소년기에 항상 아이들 곁에 함께하며, 친구로서의 우정을 쌓아간다. 그리고 그는 아이들이 하나님 아버지와의 우정을 쌓아가도록 이끌어 간다.

묵상, 토의 그리고 실천을 위한 질문들

*다음의 상황들을 살펴보고, 당신 자신에게 "나는 어디에 속하는가?"를 물어보라. 아이들과의 관계를 평가해 보기 위해서 당신의 답들을 확인해 보라.

1. 저녁 식사를 마친 후 당신은 즉시 텔레비전이나 신문을 읽기 위해서 식탁을 떠난다.

   그렇다 (   )   아니다 (   )

2. 때때로 당신 자신의 어린 시절 이야기를 아이들에게 해준다. 어렸을 때 자신감이 없었다는 이야기들을 하면서 어떻게 그것들을 극복했는지를 나눈다.

   그렇다 (   )   아니다 (   )

3. 아이들 앞에서 결코 눈물을 보이지 않는다.

   그렇다 (   )   아니다 (   )

4. 아이들의 학교 과제를 돕기 위해서 자주 자신이 하던 일을 중단한다.

   그렇다 (   )   아니다 (   )

5. 저녁 식사를 하면서 자녀들 중 하나가 자기 반에서 일어났던 이야기를 하면 당신은 화제를 바꾼다.

   그렇다 (   )   아니다 (   )

6. 당신은 아이들과 함께 보내는 시간을 기다린다.

   그렇다 (   )   아니다 (   )

7. 아이들과 함께 즐길 수 있는 일이 한 가지도 없다.

   그렇다 (   )   아니다 (   )

8. 당신의 각 자녀와 함께 하는 특별한 활동이 최소한 한 가지씩
   은 있다.

   그렇다 (   )   아니다 (   )

9. 당신의 아이들은 당신이 최근에 염려하는 것, 실패한 것 혹은
   실망한 것에 대해서 알지 못한다.

   그렇다 (   )   아니다 (   )

10. 당신은 각 자녀의 친한 친구 세 명의 이름을 말할 수 있다.

   그렇다 (   )   아니다 (   )

※ 위의 질문들에서 홀수에 "그렇다"라고 대답한 것은 그 영역에서 향상이 필요

   함을 나타낸다. 짝수에 "그렇다"라고 대답한 것은 당신이 잘하고 있음을 보여 준다.

10장

내가 닮고 싶은 아버지의 성품

훈계하는 아버지

THE FATHER CONNECTION

10장

내가
닮고 싶은
아버지의
성품
–
훈계하는
아버지

*

185

어느 날 아침, 부엌에 들어갔을 때 아들 션이 쓰레기통을 비우는 것을 잊었다는 것을 알았다. 그 일은 션이 매일 학교에 가기 전에 꼭 해야 한다고 분명히 정해 주었던 일이었다. 션은 이미 학교에 가고 없었다.

나는 도티에게 "학교에서 션을 데리고 와서 쓰레기통을 비우게 해야겠어요."라고 말했다. 그러자 도티가 "조시, 그렇게 하지 마세요. 조금 있으면 수업이 시작할 시간이에요. 수업에 늦으면 벌을 받을 거예요."라고 말했다. 나는 "그렇게 해야 되겠어요."라고 주장했다. 그래서 차를 몰고 학교로 갔다.

1교시 시작 벨이 울리기 전, 농구장에서 슛 연습을 하고 있는 션을 발견했다. 나는 션에게 다가가서 "션, 자전거를 타고 집으로 돌아가서 쓰레기를 치우고 오거라." 하고 말했다. 그러나 션은 "하지만 아빠, 이제 5분 있으면 수업 시작 벨이 울려요. 방과 후에 하면 안 되나요?"라고 항의하듯이 말했다. "안 돼, 션. 학교로 가기 전에 그것을 했어야지. 나는 네가 지금 바로 그것을 했으면 좋겠구나." "아빠 저를 위해서 이번 한 번만 해주시면 안 돼요?" "안 돼, 션. 그것은 네 책임이야."

선은 농구공을 뒤에 있는 친구들에게 휙 던졌다. 그리고 자전거 있는 곳으로 터벅터벅 걸어가는데 어깨가 축 쳐져 있었다. 선이 자전거를 타고 갈 때 내 귀에 이렇게 속삭이는 소리가 들렸다.

"맥도웰, 넌 도대체 어떤 아빠야? 아들을 위해서 쓰레기 한 번 치워준다고 문제가 되지는 않을 텐데, 그렇지 않아?"

선이 자기 할 일을 하고 자전거를 타고 다시 학교로 돌아올 때쯤 수업 시작벨은 이미 울렸고, 선은 수업에 족히 삼십 분은 늦었다. 선의 선생님은 그를 교장실로 보냈고(수업에 늦을 경우 교장실에 가서 이유를 설명하고 확인서를 받아야 한다. : 역주), 선은 내가 시킨 그대로를 교장 선생님에게 설명했다. 교장 선생님은 선에게 지각에 타당한 이유가 있다는 확인서를 써주고 교실로 돌려보냈다. 그리고는 나에게 전화를 했다. 교장 선생님은 "선이 나에게 말한 것을 믿을 수가 없어요. 선에게 확인서를 써주고 교실로 돌려보냈어요. 한 부모가 아들로 하여금 책임을 지게 한다는 것에 큰 감명을 받았습니다. 더 많은 부모들이 아이들에게 책임감을 가르쳤다면 우리가 아이들을 가르치는 일이 훨씬 쉬워졌을 거예요."라고 말했다.

전화를 끊으면서 나는 커다란 안도감을 느꼈다. 쓰레기통을 비우는 것 때문에 아들 선에게 까다롭게 굴었던 내 모습이 도깨비같이 느껴졌는데, 그 교장 선생님의 말은 내가 지혜롭게 행했다는 확신을 갖게 했다.

우리 중에 어느 누구도 도깨비 같은 아버지가 되기를 원치 않을 것이다. 그렇다고 자식에게 아주 만만한 아버지가 되고 싶지도 않을 것이다. 나는 선을 비이성적으로 대하고 싶지 않았다. 다만 그의 잘못된 부분을 교정하기를 원했다. 나는 그가 자신의 책임을 받아들이도록 돕고 싶었고, 그가 자기절제를 배우기를 원했다. 나는 그를 올바르게 인도하고 싶었다. 나는 하나님 아버지와 같은 아버지가 되기를 원했다.

10장

내가
닮고 싶은
아버지의
성품
–
훈계하는
아버지

*
187

하나님 아버지의 훈계

─────── 하나님은 선하신 분이시다. 그는 사랑의 아버지이시다. 그가 의도하시는 바나 행위들은 결코 악함이 없고, 사랑이 아닌 것이 없다. 그러나 그는 선하심에도 '불구하고'가 아니라 그의 선하심 '때문에', 그의 사랑에도 '불구하고'가 아니라 그의 사랑 '때문에' 그의 자녀들을 징계하신다. 하나님은 '자신'이 불완전하기 때문에 우리를 징계 하시는 것이 아니라 '우리'가 불완전하기 때문에 징계하신다.

성경은 반복적으로 하나님 우리 아버지를 징계하시는 아버지로 언급하고 있다.

> "너는 사람이 그 아들을 징계함같이 네 하나님 여호와께서 너를 징계
> 하시는 줄 마음에 생각하고" 신8:5
> "대저 여호와께서 그 사랑하시는 자를 징계하시기를 마치 아비가 그
> 기뻐하는 아들을 징계함 같이 하시느니라." 잠3:12

자신의 아들과 딸의 잘못을 지혜롭게 바로잡아 주고 적절하게 징계를 하는 사람은 하나님의 속성과 성품을 반영하는 아버지이다. 하나님의 말씀이 자신의 자녀들을 징계하는 아버지들의 지혜를 칭송하고 잠23:13; 29:17, 자녀들을 징계하지 못하는 아버지들의 삶 가운데 일어나는 비극을 묘사하는 삼상 2:22, 4:18; 왕상 1:1-53 이유가 바로 여기에 있다. 히브리서 저자는 경건한 징계에 대해 상당히 자세하게 기록하고 있다.

"또 아들들에게 권하는 것같이 너희에게 권면하신 말씀도 잊었도다 일렀으되 내 아들아 주의 징계하심을 경히 여기지 말며 그에게 꾸지람을 받을 때에 낙심하지 말라 주께서 그 사랑하시는 자를 징계하시고 그가 받아들이시는 아들마다 채찍질하심이라 하였으니 너희가 참음은 징계를 받기 위함이라 하나님이 아들과 같이 너희를 대우하시나니 어찌 아버지가 징계하지 않는 아들이 있으리요 징계는 다 받는 것이거늘 너희에게 없으면 사생자요 친아들이 아니니라 또 우리 육신의 아버지가 우리를 징계하여도 공경하였거든 하물며 모든 영의 아버지께 더욱 복종하며 살려 하지 않겠느냐 그들은 잠시 자기의 뜻대로 우리를 징계하였거니와 오직 하나님은 우리의 유익을 위하여 그의 거룩하심에 참여하게 하시느니라 무릇 징계가 당시에는 즐거워 보이지 않고 슬퍼 보이나 후에 그로 말미암아 연단 받은 자들은 의와 평강의 열매를 맺느니라."히 12:5-11

그렇다. 경건한 징계는 존경과 평안 그리고 의의 열매를 맺는다! 이것이 우리가 아이들에게 원하는 것이다! 이것이 바로 우리가 하나님의 도우심을 힘입어 하나님 아버지의 속성과 성품을 드러냄으로써, 또한 징계하는 아버지가 됨으로써 우리 아이들 속에 열매 맺기를 바라고 기도하는 것들이다.

우리는 분노나 교만함으로 자녀들을 징계하기를 원치 않는다. 우리는 하나님이 우리를 사랑으로 징계하시는 것처럼히 12:6 징계하기를 원한다. 우리가 좀 더 편하게 살고자 자녀들을 징계하는 것이 아니다. 하나님이 우리의 유익을 위하여 징계하시는 것처럼히 12:10 징계하기를 원한다. 우리의 이기심과 필요를 채우기 위해서 자녀들을 징계하는 것을 원치 않고, 하나님이 우리 안에 의와 평강의 열매를 맺기 위해서 징계하시는 것처럼히 12:11 징계하기를 원한다. 우리는 하나님 아버지와 같은 아버지가 되기를 원한다.

네 가지 자녀 양육 방식

10장

내가
닮고 싶은
아버지의
성품
－
훈계하는
아버지

*
189

──────── 부모들이 자녀를 양육하는 방식은 기본적으로 네 가지 정도가 있다.

· 권위주의 : "내가 시키는 대로 해!"
· 방임주의 : "무엇이든지 네가 하고 싶은 대로 해."
· 무 관 심 : "네가 무엇을 하든지 관심 없어."
· 관계중심 : "네가 하는 말을 듣고 있어, 너를 사랑해, 너를 이해하고
　　　　　　싶어, 이번에는 이 방식으로 해보자, 왜냐하면…."

각각의 방식마다 부모가 권위를 사용하는 특정한 태도가 드러나고 있다. 권위주의적인 아버지는 '절대 군주'와 같고, 웹스터 사전Webster defines은 이것을 세 가지 단계로 정의를 내린다. 첫째, '절대적인 권력을 가지고 행사하는' 독재자이다. 이것보다 조금 약한 단계는 '다른 사람들 위에 절대적이고 독립적인 권력을 가졌거나 가졌다고 추정되는' 독재자이다. 가장 약한 단계는 '지배적이고 자기 의지가 강한' 독재자이다.

권위주의적인 부모가 아이들에게 절대적인 권력을 휘두를 때 그들은 아이들에게 많은 통제를 가하게 되고, 사랑은 표현하지 않는다. 많은 권위적인 부모들은 아이들에게 좋은 집안환경을 제공해 준다. 그들은 아이들을 잘 먹이고 입힌다. 그리고 생활을 위해 필요한 모든 것을 제공해 주는 것처럼 보이지만 대부분의 경우 충분한 지지와 사랑은 제공하지 못한다.

권위적인 부모 아래에서 살아가는 아이들은 싸우거나 도피하는 두

가지 반응을 보인다. 아이들이 도피를 선택할 때, 그들은 적어도 표면적으로는 자기 의견을 철회하고 동의하거나 순종한다. 그러나 내면적으로 그들은 분노하고 있다. 아이들이 싸움을 선택할 때, 그들의 분노를 밖으로 표출한다. 그들은 불평하고, 말대꾸를 하며, 심지어는 말로 혹은 신체적으로 공격하기도 한다. 왜냐하면 아이들과의 참된 관계를 중시하지 않고 규칙을 만들려고 하는 아버지는 반항의 씨를 심는 것이기 때문이다.

청소년과 부모의 관계에 관한 한 연구는 권위주의적인 부모 밑에서 자란 아이들은 그들 부모를 향해 적대감을 드러내며, 어른들을 향한 편견과 반사회적인 경향(그리고 부수적인 행위들, 즉 도둑질, 거짓말, 싸움, 공공기물 파손 등), 사회적인 소외감과, 전통적인 도덕 기준의 거절, 그리고 다른 사람과 원만한 관계를 맺는 능력 결여 등이 나타나는 경향이 있음을 보여 주고 있다.

이와 정반대되는 극단은 물론 자유방임주의이다. 어떤 아버지들은 아이들을 지지해 주는 것은 잘하지만 징계를 잘하지 못한다. 자유방임적으로 자란 아이는 종종 부모를 인질로 잡는다. 자기들이 원하는 대로 되지 않을 때 어린아이들은 낮잠 자는 것을 거부하고, 식사 시간에 음식 먹기를 거부하며, 화를 내거나 소리를 지르면서 응석을 부릴 수 있다. 좀 더 나이가 들면 엄마와 아빠에게 무례하게 말하거나 밤이고 낮이고 자기들 마음대로 들락날락거리고, 자신들이 원할 때는 그것이 무엇이든지간에 부모들이 해줄 것을 기대한다. 방임적으로 양육된 아이들은 그들이 원하는 대로 많은 것을 얻지만 권위주의적인 가정에서 자란 아이들보다 행복한 것은 아니다. 사랑과 통제가 건강하게 균형을 이루지 못했기 때문이다. 이들은 대부분이 부모들의 도덕적 기준에 따라 살기를 원치 않으며, 알코올, 약물중독, 그리고 다른 방종한 행동들에 연루되며, 성적인 부도덕과 질병들에 걸리기 쉽다.

10장

내가
닮고 싶은
아버지의
성품
−
훈계하는
아버지

*

191

사랑과 통제의 적절한 균형을 유지하기 위해서, 아버지들은 사랑과 통제 두 가지 모두 자녀들에게 분명하게 전달되는 관계주의 양육 방식을 선택해야 한다. 아이들은 사랑받고 있다고 느끼고 그 결과 자존감을 갖게 될 뿐 아니라 자신에게 허용된 한계를 알게 됨으로 안정감을 갖게 된다. 아이들은 관계가 바탕이 되었을 때만 규칙을 따른다.

다시 한 번 하나님 아버지는 우리에게 이러한 본을 보여 주셨다. 하나님은 우리를 위해 규칙을 만드셨고, 마침내 십계명을 주셨다. 그러나 하나님은 여러 세대에 걸쳐 그의 백성들과 관계를 가지신 후에 비로소 십계명을 주셨다. 처음에 하나님은 오직 하나의 계명만을 주셨다. "선악을 알게 하는 나무의 열매는 먹지 말라."창 2:17 그 후 시내 산에서 계명을 주시기 전까지 오랜 시간 동안 자신을 계시하시고, 그의 자녀들과 관계를 발전시키는 데 많은 시간을 보내셨다.

우리가 그처럼 할 수 없다는 것을 안다 할지라도 우리는 그와 같은 아버지가 되기를 원한다. 우리는 이전에 여러 번 노력했지만 실패했었다. 그러나 우리의 본이신 하나님 아버지는 그것을 하실 수 있다. 그는 장구한 세월 동안 그렇게 해오셨고, 우리가 성령을 통해 그를 의지한다면 하나님은 우리 안에서 우리를 통해 그것을 하실 수 있다. 다음의 몇 가지 도움이 되는 지침들을 기억하라.

1. 관계의 바탕 위에서 징계하라

징계는 자녀와의 건강한 사랑의 관계가 바탕이 되었을 때 가장 효과적이다. 따라서 자녀들을 훈계하고자 할 때 관계에 호소하는 질문으로 시작하라. 그 질문에 대한 대답이 긍정적이라면 아이들이 훈계를 따를 것이라고 확신할 수 있다. 예를 들어서 "내가 너를 사랑한다는 걸 알고 있니?"라고 물으라. 당신이 아이들을 훈계하기 전에 그와 같은 질문을 함으로써 징계가 당신의 권위에 근거한 것이 아니라 그들과의 관계를 바탕으로 한 것임을 전달하게 된다.

한 번은 필리핀에서 600명 이상의 목회자들과 사역자들에게 강연을 한 적이 있었다. 강연이 끝난 후에 이백 명 이상의 사람들이 나와 이야기를 나누기 위해 줄을 섰다. 그날 밤 내가 다루었던 중요한 문제들 중 하나는 어느 목사의 이야기에서 잘 그려지고 있다. 그는 내게 가족들이 모두 그에게 등을 돌렸다고 말했다. 그의 세 아들은 열일곱 살, 열세 살 그리고 열 살이었고, '교회에서 최고의 악동'으로 소문이 났으며, 모두가 어떤 식으로든 반항적인 아이들이었다. 그는 어떻게 해야 할지를 알고 싶어 했다.

나는 그에게 "규칙들은 잊어버리세요."라고 했다. 그는 "뭐라고요? 그게 문제인데요. 아이들은 어떤 규칙도 지키지 않아요. 그 규칙들을 지켜야 한다는 생각조차 안 한다니까요."라고 불신하듯이 나에게 말했다. 나는 "당신이 무슨 말을 하는지 알고 있어요. 그러나 반복해서 말씀드리지만, 규칙을 강조하지 마세요. 아이들과 관계를 개발해 가세요. 이렇게 한다고 해서 더 이상 잃을 것도 없잖아요."라고 말했다.[32]

당신의 자녀가 몇 살이든지 관계를 개발해 가는 것은 늦지 않았다. 나는 포틀랜드에서 만났던 한 여인을 기억한다. 그녀에게는 성인이 된 네 아들이 있었고, 그들은 그녀에게 반항하며 말로 못할 고통과 상처를 주었다. 딕 데이와 나는 『당신의 자녀에게 영웅이 되는 방법』이라

32) McDowell and Day, How to Be a Hero to Your Kids, p.29.

10장
내가
닮고 싶은
아버지의
성품
–
훈계하는
아버지

*

193

는 책에 나와 있는 관계 형성을 위한 원리들을 그녀와 나눴고, 그녀는 집으로 돌아가 자녀들과의 관계를 회복하기 위해서 오랫동안 힘든 노력을 했다. 그리고 5년 후에 우리는 그 여인을 다시 만났고, 그녀는 아들 둘과의 관계가 180도 변했음을 말해 주었다. 그녀는 성인이 된 자녀라 할지라도 관계를 개발하기 위해 주의를 기울였을 때 얼마나 풍성한 열매를 거두게 되었는지를 눈물을 흘리며 나누었다.

2. 규칙을 분명히 하라

가족 심리학자인 존 로즈몬드John Rosemond는 효과적인 부모들은 "그들이 정한 규칙들을 분명하게 전달한다. 그들이 자녀들에게 기대하는 것에 대해서 말을 빙빙 돌리지 않는다. 그들은 애원을 하거나 돈으로 달래거나 혹은 위협하지 않는다. 그들은 단순하게 그리고 직설적으로 아이들이 할 수 있는 것과 할 수 없는 것, 그리고 해야만 하는 것을 말해 준다."고 했다.[33] 그렇다. 울타리가 있는 목초지는 양들을 건강하게 자라게 해주는 것처럼, 분명하고 합리적인 규제는 아이들을 건강하고 행복하게 자라게 해준다.

어떻게 해야 효과적인 부모가 되는지에 관해 여러 권의 책들이 쓰여졌다. 어떤 전문가는 이것을 강조하고, 다른 전문가는 그것을 반박한다. 그러나 나는 바울이 그의 서신에서 말하고 있는 한 구절, 즉 "또 아비들아 너희 자녀를 노엽게 하지 말고 오직 주의 교훈과 훈계로 양육하라."엡 6:4라는 구절보다 더 좋은 충고를 발견하지 못했다. 아버지가 아이들을 노엽게 하는 가장 확실한 방법은 불분명하고, 명확하지 않은 규칙과 기준을 제시하는 것이다.

---

33) John Rosemond, "Successful Discipline," Better Homes and Gardens (April 1994), p.32.

예를 들어서, 어떤 아버지들은 딸에게 "적당한 시간이 되면 집에 들어와 있어야 돼."라고 말한다. 그런데 적당한 시간이란 언제를 말하는가? 이것은 해석하기 나름이다. 열일곱 살이 된 딸에게는 새벽 한 시가 적당한 시간으로 보일 수도 있다. 반면에 그녀의 아버지는 밤 열한 시가 지나면서 거실을 서성거릴 수 있다. 대신에 "열한 시 삼십 분이 아니고 열한 시 십 분이라도 안 돼. 꼭 열한 시까지 집에 들어와라." 이렇게 분명하게 규칙을 전달하는 것이 훨씬 낫다.

십대 아이에게 "네가 할 일은 쓰레기를 치우는 거야."라고 말하는 대신에 "네 일은 매일 아침 학교를 가기 전에 쓰레기를 치우는 거야."라는 것을 분명하게 하는 것이 아버지와 아이 둘 모두에게 훨씬 좋을 것이다. "네 방을 치워."라고 말하는 대신에 "저녁 먹을 때까지 네 방의 먼지를 털고 방을 청소해라. 걸레질도 해야 한다."라고 아이들에게 말하라.

규칙이나 기대하는 것을 분명하게 알리는 것은 아버지가 경계선을 설정하도록 도와주고, 아이들이 그 경계선을 존중하도록 하며, 양쪽 모두 혼란과 오해를 피하도록 해준다.

3. 잘못에 대한 대가를 최소화시켜라

아이들이 무엇인가 잘못된 행동을 하는 것은 대개 부모의 관심을 얻기 위해서라는 사실을 알면 도움이 된다. 이제 아이들이 잘못했을 때, 그것을 무시할 수 없다는 것은 분명하다. 당신은 그 문제를 다루어야만 한다. 그러나 문제는 당신이 그 문제를 '어떻게' 다룰 것인가이다. 당신이 그 문제를 대할 때 아이들은 무엇을 보고 듣는가 하는 것이다.

만약 아이가 당신의 목소리가 높아지고 얼굴이 붉어지는 것을 보며 화를 돋울 수 있다고 생각한다면, 그 아이는 잘못된 행동들이 당신의 관심을 끌 수 있는 최고의 방법이라고 결론 내리기 쉽다. 반면에 당신이 아이의 잘못된 행동에 대해 지루한 잔소리나 분노를 폭발함이 없이 조용히 대처할 수 있다면, 치러야 할 대가는 그리 크지 않을 것이다.

간단한 한 가지 방법은 아이들에게 그러한 일은 용납되지 않을 것이고, 필요하다면 그들을 잠시 동안 가족에게서 격리시킬 것이라고 조용하게 타이르는 것이다. 혼자 있을 때 관심을 얻는 것은 어렵다. '구석에 있는 의자'에 앉아 있게 하는 방법은 아주 오래된 방법처럼 보이지만, 그러나 많은 아이들에게 여전히 매우 효과적인 방법이기도 하다.

나도 물론 그렇게 단순하지 않다는 것을 알지만, 아이들의 잘못된 행동을 다루면서 아이들은 잘못을 저지를 수밖에 없다는 사실을 명심해야 한다. 그들은 어린아이이기 때문에 실수를 할 수밖에 없다. 따라서 부정적인 행동을 크게 부각시키지 말고 오히려 그들이 잘한 긍정적인 행동들에 초점을 맞추는 것을 당신의 목표로 삼으라.

앞서 언급했던 것처럼, 그들이 바르게 행동한 것을 포착하도록 노력하고 그래서 그 행동이 강화되도록 그것들에 대해 칭찬하고 격려하라.

10장

내가
닮고 싶은
아버지의
성품
–
훈계하는
아버지

*

195

4. 미리 계획을 세우라

많은 아버지들이 징계에 대해 미리 계획을 세우지 않기 때문에 일을 어렵게 만든다. 가정 심리학자인 존 로즈몬드는 효과적인 아버지는 "문제가 커질 때까지 내버려두지 않고 그전에 그것에 대해 무엇인가를 한다."고 말한다.[34]

---

34) Ibid.

예를 들어서, 만약 당신의 딸이 집에서 정한 통행금지 시간을 어길 때 당신이 어떻게 반응할 것인지를 미리 계획하고 생각하지 않는다면 그 딸이 통행금지 시간을 한 시간이나 지나서 들어올 때, 딸이 집에 들어오기까지 당신은 화가 나서 속이 부글부글 끓을 것이다. 혹은 만약 네 살 된 아이가 자주 식료품 가게에서 떼를 쓸 때, 이런 일이 다시 생길 때까지 기다렸다가 다룰 것인가? 아니면 다음에 그런 일이 발생할 때 당황하지 않기 위해서 미리 타당하고 건설적인 계획을 세우는가?

목사인 내 친구는 자신의 아들이 열일곱 살일 때 여자친구와 성관계를 가진 것을 알고 아내와 함께 몹시 염려하기 시작했다. 그들은 아들을 사랑하고 용납한다는 것을 반복적으로 그리고 그들이 생각하기에는 아주 민감하게 표현하려고 노력했고, 자신들에게 숨김없이 말하라고 아들을 격려했다. 그러나 그는 여자친구와 성관계를 가지지 않았다고 주장했다. 이들 부부는 그 문제가 끝났다고 생각하지 않았다. 만약 아들이 성관계를 가졌다고 고백하거나 혹은 그 여자친구가 임신을 하게 되었다고 할 때 어떻게 해야 할지에 대해서 서로 의논을 했다.

몇 주가 지나지 않아서, 아들과 여자친구가 함께 집으로 와서 눈물을 흘리며 사실을 전했다. 그 여자친구가 정말로 임신을 했던 것이다. 그 목사는 "물론 그 순간은 힘든 시간이었다. 그러나 아내와 내가 미리 어떻게 반응해야 할지에 대해서 이야기를 했었다는 것이 기뻤다. 만약 우리가 미리 그것을 이야기하지 않았다면 내가 어떻게 반응했어야 할지 몰랐을 것이다. 아마 화를 냈거나 혹은 내가 나중에 후회할 어떤 말을 했을 것이다. 그러나 우리가 이미 그 상황에 대해 어떻게 반응해야 할 것인지 이야기를 했기 때문에 우리는 건전한 방법으로 그 문제를 다룰 수 있었다."고 말했다.

물론 모든 상황이 그처럼 어려운 것은 아니다. 그러나 당신이 어떻게 반응할 것인지를 미리 계획한다면, 단순한 상황이든지 혹은 심각한 상황이든지 도움이 될 것이다.

10장

내가
닮고 싶은
아버지의
성품
-
훈계하는
아버지

*

197

5. 자연적 결과를 이용하라

나는 성경이 두 종류의 긍정적인 징계방법을 가르친다고 믿는다. 그 중 하나가 자연적 결과로 인한 징계이다. 예수님께서 말씀하신 탕자의 비유는 자연적 결과의 교정 효과에 대한 훌륭한 예화이다. 이 비유에서 둘째 아들은 집을 떠나서 자기 마음대로 살기로 작정을 했고 아버지에게 자기 몫의 유산을 달라고 요구했다. 그 아버지는 무슨 일이 일어날지 알았지만, 둘째 아들이 원하는 돈을 주었다. 아버지는 둘째 아들이 자신의 행동에 따른 자연적 결과 때문에 고통을 겪음으로써 어렵게 교훈을 얻도록 결정한 것이 명백하다.

자연적 결과는 큰 대가를 요구했다. 그는 자기 몫의 모든 재산을 허비했고, 직업을 잃었으며, 친구들을 잃었고, 돼지와 함께 먹어야 하는 절박한 상황에 처하게 되었다. 그제야 그 아들은 "스스로 돌이켰다."눅 15:17고 예수님은 말씀하셨다. 자연적 결과가 그 아들에게 아버지의 집으로 돌아가야 할 필요들을 깨닫게 했고, 그곳에서 어느 때보다도 더 용납받고 사랑받았다.눅 15:11-32

아버지가 아들을 떠나게 했을 뿐 아니라 그 아들 몫의 재산을 주었다는 것은 매우 흥미롭다. 많은 아버지들이 아들을 떠나보낼 수 있지만, 재산을 허비하도록 아들에게 유산을 줄 수 있는 아버지가 얼마나 되겠는가? 그러나 탕자의 아버지는 돈보다는 그의 아들이 큰 교훈을 배울 수 있는 기회를 더 가치 있게 여겼다.

딕 데이와 내가 공저한 책 『당신의 자녀에게 영웅이 되는 방법』에서 딕 데이는 자신의 아들 조나단이 아주 어렸을 때 그에게 중요한 교훈을 가르치기 위해서 자연적 결과를 활용한 일에 대해서 이야기하고 있다.

> 우리 집에는 바닥과 같은 높이에 벽난로가 있었는데 조나단이 자주 벽난로 주위에서 노는 것이 걱정이 되었다. 불이 얼마나 무서운지 모르기 때문에 아내와 내가 보지 않을 때 벽난로에 가까이 가서 심각하게 화상을 입을 수도 있었다.
>
> 어느 날 저녁, 우리는 촛불을 켜놓고 저녁 식사를 하고 있었다. 조나단이 촛불을 만지려고 손을 뻗었고, 아내는 제지하려 했다. 그때 나는 "아니요. 내버려둬요."라고 말했다. 조나단은 손가락으로 불꽃을 만졌고, 즉시 고통스런 울음과 함께 손가락을 뗐다. 심하게 화상을 입지는 않았지만 불의 위력과 그것을 조심해야 한다는 것을 배울 만큼은 충분했다.
>
> 어떤 사람들은 조나단이 그의 손가락으로 촛불을 만지게 내버려두는 것은 잔인하다고 말할 수 있다. 그러나 나는 그렇게 생각하지 않는다. 나로서는 조나단이 화상의 위험을 맹렬히 타오르는 불보다는 작은 촛불에서 배우는 편이 훨씬 낫다.[35]

초등학교 5학년인 아이가 편의점에서 물건을 훔쳤을 때, 붙들려 경찰차로 집에 오도록 그대로 두는 아버지는 자연적 결과의 교정 능력을 이용하고 있는 것이다. 딸의 성적이 나빠서 배구팀에서 뛰지 못하는 것을 눈물을 흘리며 보고만 있는 아버지는 자연적 결과의 교정 능력을 이용하고 있는 것이다. 자신의 아들이 '음주 운전'으로 감옥에서 하룻밤을 보내게 놔두며 슬픔에 잠겨 있는 아버지도 자연적 결과의 교정 능력을 이용하고 있는 것이다.

35) McDowell and Day, How to Be a Hero to Your Kids, pp.199-200.

6. 논리적 결과를 명시하라

성경에서 말하고 있는 징계의 또 다른 방법은 논리적 결과들이다. 이것은 어떤 방법으로든지 아이들이 자신의 책임을 완수하지 못하거나 잘못된 행동들을 할 때 무슨 대가를 치를지에 대해 아이들과 함께 결정하는 것을 의미한다. 예를 들면, "네가 만약 저녁식사를 마치지 않는다면 후식도 없어." 혹은 "강아지에게 먹을 것을 주지 않는다면 너도 먹지 말아야 해."와 같은 것이다.

우리는 에덴동산에서 논리적 결과가 일어났던 선례를 볼 수 있다. 하나님께서는 모든 것을 그들을 위해 주셨지만 선악을 알게 하는 나무의 과실은 먹을 수 없다고 명시하셨다. 만약 그들이 그 나무의 과실을 먹는다면 그들은 논리적 결과로 인한 고통—그들은 "반드시 죽을 것" 창 2:15-17—을 겪게 될 것이라고 말씀하셨다.

물론 이브는 그 과실을 먹었고, 아담 또한 그 뒤를 따랐다. 그리고 그 결과는 즉시 나타났다. 아담과 이브에게는 육체적인 죽음과 그로 인해 출산의 고통, 땀 흘려 일하는 고통, 그리고 낙원에서 쫓겨나는 등 여러 가지 벌들이 주어졌다. 참조 : 창 3:1-19

하나님께서는 아담과 이브가 지켜야 할 경계선을 분명히 말씀하셨다. 그리고 그들이 그 경계를 넘어갔을 때 그 결과들도 선택한 것이다. 하나님께서는 여전히 그들을 사랑하셨지만 그들이 선택한 논리적인 결과들을 집행하셨다.

딕 데이의 다음과 같은 경험 또한 논리적인 결과들의 교정 능력에 대해 보여 주고 있다.

큰 아들이 처음 운전면허증을 갖게 되었을 때, 만약 교통법규를 위반하게 되면 자신이 벌금을 지불하고 삼십 일 동안 운전을 할 수 없다는 것에 동의를 했다. 나는 그가 처음으로 교통법규를 위반했던 그날을 지금까지 기억하고 있다. 그는 겁을 먹고 나에게 와서 말했다. "아빠, 교통 위반 티켓을 받았어요." 그가 나에게서 어떤 반응을 예상했는지는 모르지만 내가 말했던 것은 "자동차 키는 어디 있지?"가 전부였다. 큰 아들은 나에게 자동차 키를 넘겨 줬고, 자신이 그 벌금을 지불했다. 그리고 삼십 일 동안 그 차를 운전하지 못했다. 나는 어떠한 잔소리도 하지 않았다. 아들이 이유를 설명하도록 "왜 그렇게 했니?"라는 질문조차 하지 않았다. 논리적인 결과들에 대해서는 이미 분명하게 이야기했고, 아들도 이미 동의를 했기 때문에 지불해야 할 대가를 알고 있었다."[36]

논리적 결과의 교정 능력을 사용함으로써 긴 잔소리나 설명, 논쟁, 그리고 서로 소리치며 싸우는 일을 피할 수 있다. 아버지와 아들 모두가 어떤 행동이 어떠한 논리적이고 합리적인 결과를 동반한다는 것을 알 때, 그런 행동을 취하자마자 그 결과 또한 정해진 것이다.

논리적 결과의 힘은 아버지와 아들 모두에게 참으로 자유를 준다. 아버지는 경찰이나, 판사, 혹은 법 집행인의 역할을 할 필요가 없다. 그는 단지 아들이나 딸이 선택한 행동의 결과들을 시행하기만 하면 된다.

7. 일관성을 가지라

큰딸 켈리가 친구의 집에서 열렸던 중학교 졸업식 파티에 갔다가 집으로 전화를 했다. 켈리는 그 집에서 밤을 샐 수 있는지를 물었다. 나는 켈리의 요청을 듣고 몇 가지 질문을 했다. 계속 이어지는 파티에

---

36) Ibid., p.201.

남자애들도 남아 있을 것이고, 아이들이 술을 마시지 않을 거라고 확신할 수 없음을 켈리도 인정했다. 켈리가 오후 열 시 이후에도 계속 남아 있기로 한 아이들의 이름을 말했을 때, 나는 켈리와 같은 열네 살인데도 술을 마신다고 소문이 난 한 남자아이도 포함되어 있다는 것을 알았다. 켈리의 말을 들은 후에 나는 "켈리 안 돼, 허락할 수 없어. 열 시에 파티가 끝난 후에 집으로 돌아와야 해."라고 말했다.

켈리는 그 후 삼십 분 동안에 세 번이나 전화를 했다. 한 번은 켈리가 전화에 대고 울기 시작했고, 그때 나는 켈리에게 무슨 일이 일어나고 있는지 알게 되었다. 친구들 중에 네다섯이 밤새 파티에 머무르기를 원했지만, 그들 역시 부모의 허락을 받아야만 했고, 모든 것은 켈리 맥도웰의 아버지가 어떻게 말하느냐에 달려 있었던 것이었다.

켈리는 친구들로부터 압력을 받고 있었음에 틀림이 없었다. 켈리는 걱정할 만한 일은 없을 것이라고 말하기 시작했다. 그 집 부모들이 집안에 있을 것이고, 많은 친구들이 남아 있을 것이라고 했다. 어느 누구도 두 사람만 은밀하게 있지는 않을 것이라고 했다. 켈리는 그녀의 친구들이 시키는 대로 말하고 있었던 것이었다. 나는 나의 원칙을 고수하며, "켈리야, 미안하지만 집으로 돌아와야겠구나."라고 말했다.

나는 딸아이의 훌쩍거리는 소리가 귀에 쟁쟁했지만 전화를 끊었다. 나는 켈리를 실망시키는 것이 싫었다. 그러나 내가 옳은 행동을 했다는 것을 알았다. 나중에 켈리가 집에 돌아왔을 때, 그녀는 아내 도티와 나를 깨웠고, 그 파티에 더 머무를 수 없다고 말해 주었던 것에 대해 고마워했다. 켈리는 "저는 정말로 그 파티에 머무르고 싶지 않았어요. 아빠가 '안 돼.'라고 말한 뒤에는 더욱 그랬고요. 그런데 다른 애들이 저에게 압력을 가하기 시작했어요. 제가 빠져나올 수 있도록 도와

10장

내가
닮고 싶은
아버지의
성품
–
훈계하는
아버지

*

201

줘서 고마워요."라고 말했다.

나는 부모들이 맞서서 원칙을 고수할 때 그것은 두 가지 면에서 자녀들을 돕는다는 것을 알았다. 첫째는, 동료 그룹을 대하는 데 도움을 준다. "부모님이 허락하지 않으신다."고 말할 수 있기 때문이다. 둘째로, 보다 중요한 것은 자녀에게 무시하거나 타협할 수 없는 가치와 표준이 있다는 것을 알게 한다.

8. 분노가 아니라 사랑 안에서 행하라

잠언 3장 12절은 "대저 여호와께서 그 사랑하시는 자를 징계하시기를…."이라고 말씀한다. 성경은 "여호와께서 싫어하시는 자를 징계하신다."고 말씀하지 않으시는 것에 주목하라. 심지어는 "여호와께서 진노하시는 자를 징계하신다."고도 말씀하지 않으셨다. 하나님은 분노로 징계하시는 것이 아니라 사랑 안에서 징계하신다.

아버지들은 누구나 자녀들에게 화를 낸다. 그러나 지혜로운 아버지는 징계를 해야 할 경우에 매우 주의를 기울인다. 얼굴이 빨개지거나 소리를 지르고 있다면 당신은 사랑으로 자녀의 잘못을 교정할 수 있는 상태가 아니다. 말로 누군가를 심하게 몰아붙이거나 상처를 주고 싶다면 당신은 사랑으로 자녀의 잘못을 바로잡을 수 있는 상태가 못 된다.

앞서 언급했던 것처럼 당신이 자녀를 징계하기 전에 "내가 너를 사랑하는 걸 알고 있니?"라고 물으면서 관계의 바탕 위에서 자녀를 훈계하고 지도하는 것은 매우 가치가 있다. 이렇게 하는 것은 매우 단순하지만, 관계의 바탕 위에서 잘못을 교정하도록 할 뿐 아니라 그만큼 가치 있는, 아니, 어쩌면 더욱 가치 있는 일을 성취할 수 있게 한다. 그것은 바로 당신이 하나님 아버지를 닮은 아버지가 되기 위해서 분노가 아니라 사랑으로 자녀를 징계해야 한다는 것을 기억하게 함으로써 당신을 교정해 주는 일이다.

9. 융통성 있게 대하라

어떤 부모들은 자녀들에게 항상 엄격하게 대한다. 자녀들이 여섯 살이었을 때나 열여섯 살일 때나 부모들은 기본적으로 동일하게 취급한다. 그들의 방법은 요람에서 무덤까지 혹은 적어도 자녀들이 독립해서 집을 떠날 때까지 그들을 통제하는 것이다. 그러나 이렇게 다루면 자녀들은 질식할 것 같고, 꼼짝달싹 못하며 억압된 느낌을 주기 때문에 어리석거나 건강하지 못한 방법으로 반발할 수도 있다. 따라서 자녀들은 결코 자제력을 배울 수 없고, 어떠한 통제도 혐오하게 된다.

하나님 아버지는 우리를 이런 방법으로 다루지 않으신다. 히브리서 저자는 "…오직 하나님은 우리의 유익을 위하여 그의 거룩하심에 참여하게 하시느니라."히 12:10라고 말했다. 달리 말하면, 하나님께서는 우리가 성장하고, 거룩해지며, 성숙해지도록, 그래서 하나님 아버지를 더욱 닮아가게 하기 위해서 우리를 징계하신다.

지혜로운 아버지는 자녀의 나이와 성숙도에 따라 융통성 있게 징계함으로써 하나님 아버지의 형상을 반영할 것이다. 그는 자녀가 새로운 도전과 책임을 받아들이고, 새로운 특권을 누릴 준비가 되었는지 분별해서 외적인 징계를 느슨하게 함으로써 내적인 절제가 성장하도록 할 것이다.

예를 들어서, 어떤 아버지는 형제들이 옥신각신하며 말다툼을 할 때 "나는 이 다툼에 끼어들기를 원치 않아. 내가 생각하기에 너희 스스로 이 문제를 해결할 수 있을 만한 나이가 되었어."라고 말할 수 있

10장

내가
닮고 싶은
아버지의
성품
-
훈계하는
아버지

*

203

다. 어떤 십대의 아버지는 "너는 혼자서 일어날 시간을 정하고 아침에 스스로 일어날 만한 나이가 되었다고 생각해."라고 하거나 "네가 학교에서 좋은 성적을 유지하는 한 자고 싶은 시간에 자도 좋아."라고 말할 수 있다.

핵심은 효과적인 훈계는 일관성과 융통성 모두를 요구한다는 것이다. 훈계를 적용하고 실행할 때 일관성이 있어야 하고, 아이들이 자라고 성숙함에 따라 규칙과 기대들을 융통성 있게 조절해야 한다.

아버지의 경건한 징계, 곧 사랑 안에서 분명하고 일관성 있게 징계를 받은 자녀는 존경과 화평과 의의 열매를 거두게 될 것이다. 그는 자녀에게 자기절제라는 자질을 배워 갖추도록 한다. 자기절제는 그들로 정서적으로, 사회적으로, 영적으로, 또한 신체적으로 건강한 삶을 살도록 도와준다. 그는 때로 자녀들이 지혜롭지 못한 행동에 따른 비극적인 결과를 피할 수 있게 돕는다. 그는 자녀들이 좋은 평판을 받는 축복을 누릴 수 있게 해준다. 그는 자녀들의 생각과 마음이 조화를 이루고, 그들과 다른 사람들과의 관계 가운데 조화를 이루도록 돕는다.

이것이 하나님이 징계를 통해서 내 안에서 이루시고자 하는 것이고, 또 내가 내 아이들에게서 바라는 것이다. 🖤

묵상, 토의 그리고 실천을 위한 질문들

*1. 이 장에 따르면, 부모가 자녀를 양육하는 네 가지 형태가 있다(권위주의, 방임주의, 무관심, 관계 중심). 당신은 어떤 형태의 가정에서 성장했는가? 당신은 징계하기 위해서 어떤 형태를 따르는가?

_____

_____

*2. 히브리서 12장 10절은 그의 자녀에 대한 하나님의 징계의 목적을 언급한다(그것은 우리로 하여금 "그의 거룩하심에 참여케 하기 위함"이다.). 아래 빈칸에 당신의 아이들을 징계하는 목적들을 기록해 보라.

내가 자녀를 징계하는 목적은

_____

_____

내가 자녀를 징계하는 목적은

_____

_____

3. 당신은 자녀들을 가르치는 데 자연적 혹은 논리적 결과들을 사용한 적이 있는가? 몇 가지의 예를 생각해 보라. 당신이 논리적 결과들을 사용하고 싶다면 몇 개의 논리적 결과만을 가지고 서서히 시작하라. 그러나 논리적 결과가 시행되어져야 할 때는 그것을 끝까지 고수하라.

4. 자녀들을 징계할 때 당신의 태도를 평가해 보라. 당신이 어디에 속하는지를 보기 위해서 아래에 해당되는 곳에 "X"를 표시하라.

비난한다	고쳐 준다
비판적이다	가르친다
조종한다	인도한다
통제한다	자유를 준다

당신의 평가를 살펴보라. 당신이 하나님 아버지와 닮은 아버지가 되기 위해서 해야 할 것은 무엇인가?

_____

_____

*5. 사랑으로 징계하는 것과 분노로 징계하는 것 중 당신은 어느 쪽에 더 자주 속하는가? 당신이 이 영역을 향상시키기 위해서 취해야 할 실제적인 행동은 무엇인가?

_____

_____

11장

내가 닮고 싶은 아버지의 성품

용서해 주는 아버지

THE FATHER CONNECTION

11장

내가
닮고 싶은
아버지의
성품
-
용서해 주는
아버지

*

209

나는 친구로부터 단^{Don}의 이야기를 들었다. 그에게는 세 딸과 아들이 하나 있었다. 그의 가족은 교회를 다녔고, 그와 아내는 성경적인 원리에 따라 신실하고 세심하게 아이들을 양육했다. 그러나 막내딸이 십대 후반이 되었을 때, 그녀는 성관계를 갖기 시작했다. 솔직히 말하면, 그녀는 난잡한 성관계를 가졌다. 단과 그의 아내는 그 아이를 돕기 위해서 할 수 있는 모든 것을 했다. 그러나 아무것도 소용이 없었다. 그녀는 자포자기한 것처럼 여러 남자와 잠을 잤고, 때로는 부모가 어디 가고 없을 때 남자친구와 집에서 성관계를 갖기도 했다.

결국, 단은 그 딸을 앉혀놓고 고통으로 터져버릴 것 같은 심정으로 그녀에게 말했다.

"캐시^{Cathy}, 엄마와 나는 우리가 할 수 있는 일은 다해 보았어. 이제 무엇을 더 해야 할지 모르겠다. 그러나 우리는 네가 지금까지 하던 그대로 하면 더 이상 우리와 함께 살 수 없다는 건 알고 있단다."

그런 다음 단은 그의 딸에게 집에서 떠나라고 말했다. 그와 아내는 캐시에게 그들의 사랑을 확인시키려고 노력했지만, 행동을 고치면서 그들의 도움을 받아들이든지, 아니면 다른 살 곳을 찾던지 하라는 그들의 주장을 굽히지는 않았다. 캐시는 다음날 저녁, 그녀는 가방에 옷가지를 챙겨서 어디로 갈 것인지 말도 하지 않고 집을 떠났다.

삼 개월 후, 새벽 한 시쯤에 단은 전화 벨소리에 잠이 깼다. "아빠, 지금 버스 터미널이에요."라고 전화기에서 캐시의 목소리가 흘러나왔다. 그녀는 횡설수설하며 몇 마디를 하다가 말을 끝내면서 "집으로 돌아가고 싶어요."라고 했다.

단은 침대에서 일어나서 아내를 깨웠다. "다른 데로 가지 말아라. 내가 그리로 갈게."라고 침착성을 잃지 않으려고 애쓰면서 그의 딸에게 말했다. 그는 버스터미널에서 딸을 만났고 집으로 돌아오기 전에 오랫동안 꼭 안아 주었다. 그는 그녀가 그동안 어디에서 살았는지에 대해서 추궁하지 않았다. 그는 딸 때문에 밤잠을 지새웠던 것에 대해 말하지도 않았다. 그는 그녀가 집으로 돌아와서 지켜야 할 규칙들에 대해서 상기시키지도 않았다. 그저 딸을 용서해 주었다.

우리도 이런 용서하는 아버지가 되기를 원한다. 당신의 자녀들은 자신의 잘못과 나쁜 행동들을 인정할 때 아버지로부터 용서받을 수 있다는 것을 알 필요가 있다. 자녀들은 아버지가 그들을 향해 원한을 품지 않는다는 것을 알 필요가 있다. 그래야 그들의 삶이 엉망진창이 되었을 때, 그들은 다시 시작할 수 있다.

나는 자신들의 행동에 대해 쓴 마음과 원망을 품은 아버지를 둔 자녀들이 얼마나 낮은 자존감을 갖게 되는지를 보았다. 아버지가 그들을 잘 용서하지 못하는 아이들은 성급해지고 다른 사람을 용서하지 못하는 것을 보았다. 용서하지 못하는 아버지를 둔 아이들은 가정이나 교회에서 반항적이 되고 부모의 위선적인 모습에 상처를 받는다.

반면, 용서하는 아버지가 그 자녀들에게 얼마나 건강한 자존감과 자신감을 길러 줄 수 있는지를 볼 수 있었다. 용서하는 아버지는 자기 자신을 용서하고 견디는 자녀로 양육하기 쉽다. 용서하는 아버지는 좀 더 쉽게 자녀들을 자신의 잘못에 대해 정직하고 또한 자신의 죄와 실수를 즉시 인정하도록 양육함으로써 종종 부모나 자녀가 수개월 또는 수년간 겪어야 할 고통과 비극을 피할 수 있게 해줄 것이다. 이것이 하나님 아버지처럼 용서하는 아버지가 되기를 원해야 하는 이유이다.

11장

내가
닮고 싶은
아버지의
성품
-
용서해 주는
아버지

*

211

하나님 아버지의 용서

─────── 당신에게 눈에 넣어도 아프지 않을 아들이 있다고 상상해 보라. 당신은 그가 아기일 때부터 사랑과 관심을 쏟아 부었다. 당신이 첫 목욕을 시켜 주었고, 자전거 타는 법을 가르쳐 주었으며, 그가 하는 야구 경기를 수없이 보러 갔다. 병들었을 때 그를 간호했고, 슬퍼할 때 위로해 주었다. 그가 하고 싶어 하는 일마다 관심을 가지고 함께했으며, 그에게 필요한 것을 공급해 주었고, 선물도 많이 사주었다. 당신은 아들을 사랑하는 아버지가 할 수 있는 일은 다 해주었다.

그러나 당신의 아들은 그것을 당연한 것으로 여겼다. 대체로 그는 당신을 무시했고, 그가 무엇인가 필요가 있을 때, 예를 들면, 자동차에 기름을 넣어야 한다거나 테니스 신발을 사기 위해 돈이 필요할 때만 당신을 찾았다. 때로는 의도적으로 당신의 말에 불순종했으며, 자주 속였다. 그는 당신을 부끄러워하는 것처럼 보였고, 자주 형제들에게 무례하거나 못살게 굴었다.

당신은 이런 아들을 어떻게 생각하겠는가? 그 아들을 용서할 수 있겠는가? 어떻게 답할지 조심스럽게 생각해 보라. 왜냐하면 이 이야기에서 당신은 아버지가 아니고 바로 그 아들이기 때문이다.

당신의 하나님 아버지는 당신에게 사랑과 은혜를 쏟아 부었지만, 당신은 위의 이야기에 나오는 그 아들같이 반응했다(사실 당신이 나 같은 사람이라면 이 이야기에 묘사된 것보다 더한 삶을 살았을 것이다.). 그러나 하나님은 우리를 값없이 용서해 주셨고, 지금도 그렇게 하신다. 정말 놀랍지 않은가! 하나님 아버지는 바로 이런 분이시다. 이것은 그의 본성의 한 부분일 뿐이다.

> "동이 서에서 먼 것같이 우리의 죄과를 우리에게서 멀리 옮기셨으며 아버지가 자식을 긍휼히 여김같이 여호와께서는 자기를 경외하는 자를 긍휼이 여기시나니"시 103:12-13
> "나 곧 나는 나를 위하여 네 허물을 도말하는 자니 네 죄를 기억하지 아니하리라."사 43:25

그는 용서하는 하나님 아버지이시다. 세상의 어느 아버지보다 그 자녀들이 잘못을 저지르고 뜻을 어길지라도 그는 자녀들을 용서하고자 간절히 바라신다. 탕자의 비유에서 아들을 기다렸던 아버지처럼 하나님은 기다리실 뿐 아니라 용서하기 위해 달려오시고, 우리의 입술에서 회개의 말이 나오기도 전에 은혜와 관대함으로 용서의 역사를 시작하신다. 참조 : 눅 15:11-32

우리는 그와 같은 아버지가 되기에는 준비가 부족한, 아니, 전혀 준비되어 있지 않은 상태이다. 우리의 교만과 두려움과 연약함 등 모든 것이 우리의 길을 가로막는다. 우리는 아이들의 행동을 용서해 주면 아이들이 그것을 용인하는 것으로 생각하고 오해하게 될까 염려한다. 달에서 사람이 살 수 없는 것처럼 우리가 용서하는 아버지가 되는 것은 불가능한 일이다. 그러나 우리의 본이 되신 하나님 아버지께서 그리스도를 통하여 우리를 구원하셨고, 우리 안에 살아계시기 때문에 우리가 기도하고 그를 의뢰한다면 우리의 자녀들에게 하나님 아버지의 모습을 보여 줄 수 있다. 다음의 몇 가지는 우리가 그와 같은 하나님 아버지 모습을 보여 줄 수 있는 구체적인 방법들이다.

11장
내가
닮고 싶은
아버지의
성품
－
용서해 주는
아버지

＊

213

1. 용서에 대해서 이해하라

용서를 하는 데 있어서 장벽 중 하나는 용서가 무엇을 의미하며, 용서를 하면 어떤 일이 일어나는지에 대한 이해가 부족한 것이다. 아이들을 용서한다는 것은 그들의 불순종을 못 본 체하거나 그들의 행동을 용인해 준다거나 그들이 받아야 할 벌을 면제해 주는 것이 아니다. 알렌 구엘조Allen C. Guelzo는 《크리스차니티 투데이Christianity Today》에 이렇게 썼다.

용서란 우리에게 잘못한 일에 대한 원한을 기꺼이 던져버리는 것을 말한다. 단지 우리의 원한을 억누르거나 안으로 삭히는 데 그치지 않고 그것을 완전히 버리는 것을 말한다. 용서는 죽은 사람처럼 아무것도 하지 않고 살아가는 것을 의미하지 않는다. 용서가 아닌 것이 몇 가지 있는데 이것들은 용서를 이해하는 데 도움을 줄 것이다.

첫째, 용서는 사면이 아니다. 용서는 개인적인 것으로, 가해자가 당신에게 끼친 영향과 당신이 느끼는 원한을 내보내야 할 당신의 필요에 관한 것이다. 사면은 개인적인 것이라기보다 법적인 것으로, 가해자와 피해자의 관계가 아닌 가해자의 법적인 상태에 대해서만 관여한다. 그리고 사면은 용서와 달리 누군가를 도덕적 굴레로부터 벗어나게 해주고 그들이 당연히 받아야 할 벌을 면제받게 해준다.

둘째, 용서는 변명이 아니다. 루이스C. S. Lewis가 이렇게 말했다. "용서와 변명은 완전히 다르다. 용서는 '그래, 네가 이런 짓을 했지만 잘못했다고 하니 그 사과를 받아들이겠어. 결코 너를 원망하지 않겠어. 그리고 우리 사이의 모든 것은 예전 그대로일 거야.'라고 말한다. 그러나 변명은 '네가 어쩔 수가 없었고 그러려고 했던 게 아니라는 것을 이해해. 그러니 너는 정말로 잘못한 게 아니야.'라고 말한다. 누군가가 정말로 잘못이 없다면 용서도 필요가 없다. 그런 의미에서 용서와 변명은 정반대이다.

용서가 이와 같다면, 용서를 실천함에 있어서 우리는 '잘못을 용인해 주거나 악을 눈감아 주는 것이 아닌지'를 두려워할 필요가 없다. 용서는 '책망을 중지하는 것'이 아니라 '원한을 던져 버리는 것'이다."[37]

용서를 이해하는 것, 즉 무엇이 용서이고 무엇이 용서가 아닌지를 이해하는 것은 용서하는 아버지가 되기 위해 꼭 필요한 단계이다.

2. 과잉반응의 충동을 억제하라

아이들은 때때로 당신의 인내심이 한계에 이르도록 만든다. 특별히 그들의 모든 행위가 의도적으로 아빠를 화나게 하는 것으로 보일 때는 그들을 용서하기가 힘들 수도 있다. 그러나 과잉반응하려는 충동을 자제할 때 당신은 자녀들뿐 아니라 당신 자신에게도 큰 호의를 베푸는 것이다.

내가 아이들을 용서하지 못하고 엄격하게 대하려고 할 때마다 내 친구가 한 부부와 나눴던 대화를 생각한다. 친구는 이 부부의 말을 듣지 않는 반항적인 아들을 다루는 것에 대해 도와주고 있었다. 한 모임에서 그는 그 부부에게 "아들이 지난주에는 어땠나요?" 하고 물었다. 그들은 즉시 지난 금요일에 아들이 잘못했던 모든 것을 말했다. 내 친구는 아들과 함께 보낸 금요일이 얼마나 끔찍했는지에 대해 15분 동안 들은 후, 목요일은 어떻게 보내었는지에 대해 물었다. 그들은 "좋

나도
아버지를
닮고
싶어요

*

214

37) Allen C. Guelzo, "Fear of Forgiving," Christianity Today (February 8, 1993), p.42.

았어요."라고 답했다. "수요일은요?" "괜찮았어요." "화요일은 나빴나요?" "아니요." "그럼 월요일에 아들은 어땠나요?" "월요일에는 정말 좋았습니다."

11장

내가
닮고 싶은
아버지의
성품
–
용서해 주는
아버지

*

215

마침내 친구는 문제의 핵심을 말할 수 있었다. 하루 잘못된 날이 있었다고 좋았던 나흘간의 행동이 무효가 될 수 없다는 것이다. 그렇다. 금요일은 최악이었다. 그러나 다른 날 아들에게 이루어진 진전을 그들은 볼 수 있지 않았는가? 금요일 하루의 실망 때문에 다른 날에 이루어진 진전들을 모두 부정한다는 말인가? 그들은 자신들이 어떻게 과잉반응을 했는지, 그리고 지난 시간 동안 전체적으로 봤을 때 아들의 행동에 뚜렷한 발전이 있었다는 것을 이해하게 되었다.

사랑이란 잘못을 기억하지 않기 때문에 당신은 아이들이 실패한 것보다는 성공한 것에 초점을 맞추면서 아이들을 용서할 수 있고, 잘못 행한 기억들을 버릴 수 있다.

3. 도울 사람을 찾으라

아내 도티는 여러 가지 면에서 나에게 소중한 도움이 되었는데, 그 중에서도 용서하는 아버지가 되기 위해 애쓰는 나를 많이 도와주었다.

나는 아내에게 내가 아이들을 엄하게 대하거나 용서하지 않는 것을 볼 때 말해 주거나 지적해 주도록 요청했다. 아내는 전문가같이 되어서 이렇게 말하곤 했다.

"조시, 케이티에게 사과해야 한다고 생각해요." "조시, 헤더에게 할 말이 있다고 생각지 않으세요?"

그런 말을 듣는 것이 언제나 편안한 것은 아니다. 그러나 아내의 충고는 절대로 필요한 것이었다.

아버지로서 책임감 있게 행동하기 위해서 아이들에게 도움을 요청한다면 그들 역시 용서하는 아버지가 되려는 당신의 의도를 상기시켜 줄 수 있음을 기억하라. 그들은 "아빠, 내가 아빠 차에 페인트칠한 일을 아직도 용서 안 하신 것 같아요." 혹은 "아빠, 내가 가발을 1루 베이스로 사용한 일을 용서하신 것 맞아요?"라고 말할 수 있다.

4. 당신의 과거를 기억하라

성장한다는 것은 쉽지 않은 일이다. 솔직히 말해서, 아버지인 우리 모두도 자랄 때 지금 우리 아이들만큼 (혹은 더 자주) 멍청한 일들과 고의적인 잘못들을 저질렀다는 것을 인정해야만 한다. 우리도 못되게 굴었던 시절이 있었고, 고약한 성질을 가졌었다. 우리는 장난꾸러기였고, 때로는 아주 사악한 악마 같았다. 우리가 반항했던 시절들이 분명히 있었다.

하나님께서 우리 부모를 위해 우리하고 똑같은 말썽꾸러기에 반항아를 주셔서 복수하실 것이라고는 생각도 해보지 않았다.

만약 우리가 우리 자신의 약점과 실패―어렸을 때 뿐 아니라 최근의 것까지―를 기억한다면 용서하는 것이 좀 더 쉬워질 것이다. 예를 들어, 당신의 아들이 규칙을 어기고 늦게 들어왔다면 당신이 이번 주 약속시간에 늦은 적이 없었는지를 자문해 보면 도움이 될 것이다(당신은 여전히 가르칠 목적으로 그 행동에 대해 벌칙을 줄 수 있다. 그러나 그럼에도 불구하고 당신의 과거를 기억하는 것은 당신이 용서하는 마음을 가질 수 있도록 돕는다.). 딸이 속도위반으로 범칙금을 물게 되었다면 당신이 과거에 교통법규를 위반했던 일을 기억함으로써 딸에게 용서한다고 말하기가 좀 더 쉬워질 것이다.

5. 용서를 실천하라

자녀들이 아무리 '큰' 죄를 범했다 할지라도 그들을 용서하는 아버지가 되어야 한다. 그러나 또한 '작은' 잘못도 용서하는 아버지가 되어야 한다. 매일매일 작은 잘못들에 대해 용서를 '실천'하는 것이 나중에 큰 위기가 닥쳤을 때 용서할 수 있도록 아버지들을 준비시킨다.

매일 용서를 실천할 기회가 많이 있다. 예를 들면, 아이들 중 하나가 도티나 나에게 버릇없이 말했을 때 나는 그 행동을 고쳐 주고 용서를 의식적으로 실천했다. 그리고 그 아이가 훈계에 대해서 긍정적으로 반응을 보였을 때는 웃으며 "너를 용서해."라고 말했다(나는 결코 "괜찮아." 혹은 "아무런 문제가 없어."라고 말하지 않았다. 왜냐하면 잘못된 행위를 승인하는 것이 아니라 용서를 전하는 데 초점을 두고 싶었기 때문이다.).

또 다른 예로 만약 아이가 귀가 시간을 어긴다면 나는 비교적 사소한 그 잘못을 '용서의 기술'을 연습하기 위해 사용할 것이다. 과잉 반응을 보이지 않도록 조심스럽게 그 잘못된 행동에 대해 적절한 벌칙을 부과할 것이고(예를 들어, "다음 달부터 귀가 시간이 한 시간 앞당겨질 거야."), 그런 다음 용서한다고 말할 것이다.

하나님의 도우심으로 용서를 실천할 수 있는 그러한 '작은' 기회들은 내가 아이들에게 용서의 마음을 전할 수 있도록 도움을 주었다. 또한 그러한 연습들은 위기들이 닥치고, 용서하기가 더욱 어려워졌을 때 그러나 용서가 더욱 필요한 순간에 용서할 수 있도록 나를 '형성'해 갔다.

6. 자석 반응의 원리를 기억하라

나와 함께 『당신의 자녀에게 영웅이 되는 법』이라는 책을 공저했던

11장
내가
닮고 싶은
아버지의
성품
-
용서해 주는
아버지

*
217

딕 데이는 이 장에서 우리가 다루고 있는 내용에 적용할 수 있는 다음과 같은 조언을 했다.

아이들과의 사이에 긴장감이 느껴지기 시작하면 한 걸음 물러서서 하나님이 그들을 보시는 것처럼 그들을 무한한 가치를 지닌 사람으로 보려고 노력하는 것이 최선임을 알게 되었다. 이러한 태도는 징계가 필요한 상황에서조차 내가 수용하고 용서하는 태도를 가지도록 도와준다. 그들의 행동을 징계하면서도 여전히 그들을 지지하고 용서할 수 있는 것이다. 나는 이와 같이 뒤로 한 걸음 물러나는 과정을 "자석 반응의 원리"라고 부른다. 두 개의 자석이 분리되어 있고, 같은 자기장 안에 있지 않을 때는 서로 영향을 주지 못한다. 그러나 당신이 두 자석을 같은 자기장 안에 두면 서로 끌어당기거나 혹은 서로 밀어내는 둘 중에 한 가지 반응을 보이게 될 것이다.

인간의 감정은 자석 반응과 매우 유사하다. 당신이 자력을 가진 것은 아니다. 그러나 당신은 감정을 가지고 있고, 당신의 아이들도 마찬가지이다. 가족으로서 함께 산다는 것은 당신과 아이들을 '동일한 감정의 장'에 두는 것이고, 이때 자석을 서로 가깝게 놓아둘 때와 유사한 결과가 일어난다. 당신과 아이들이 하나가 되거나 혹은 서로를 밀어내는 반응을 보이는 것이다. 내가 아이들과 긴장관계에 있는 것을 발견할 때마다 나는 스스로에게 다음과 같은 어려운 질문들을 던진다. "왜 우리 관계는 긴장 상태에 있는가? 왜 나는 아이들에게 이러한 반응을 보이고 있는가? 왜 아이들은 나에게 이렇게 반응하는가?" 가족 안에 긴장감이 형성되고 악화될 때, 누군가의 안전이 위협받고 있고 당신이 아이들을 용납하는 것도 위기에 처해 있다고 믿어도 된다.[38]

자석 반응의 원리를 기억하는 것은 당신이 해야 할 일이지 자녀들의 책임이 아니라는 것을 명심하라. 그 상황에서 한 걸음 물러날 수 있는 것도, 그래서 무슨 일이 일어나고 있는지를 볼 수 있는 것도 성인인

38) McDowell and Day, How to Be a Hero to Your Kids, p.204.

당신의 몫이다. 그러면 당신이 품었던 어떤 분노나 원망이라도 통제할 수 있을 것이다. 만약 그렇게 된다면 용서를 표현하거나 용서를 청하도록 (이는 이후에 말하고자 하는 내용이다.) 하라.

11장
내가
닮고 싶은
아버지의
성품
–
용서해 주는
아버지

*

219

7. 용서를 구하라

내가 처음 이 장을 쓸 때, 열여섯 살이었던 케이티를 앉혀놓고 그녀에게 도움이 필요하다고 말했다. "너에게 상처를 주었거나 기분을 상하게 해놓고 용서를 구하지 않은 적이 있니?"

케이티는 조용히 앉아서 한 5~6분 동안 생각하는 것 같았다. 지난 십육 년 동안 아빠가 성급하고 생각 없이 잔인하게 말하거나 행했던 목록들을 살펴보느라고 딸의 머리가 회전하고 있는 것을 상상할 수 있었다. 케이티가 수십 개의 사건들을 정리해서 그 중에 적합한 하나, 즉 최악의 관점에서 나를 보여 주는 한 가지를 고르려고 애쓰고 있는 것처럼 보였다. 마침내 나는 더 이상 긴장감을 이길 수 없었다. 그러나 케이티는 여전히 한 마디의 말도 하지 않았다. 나는 그 고통스러운 침묵을 끝내기 위해서 "케이티, 어떤 것이라도 좋아."라고 말했다.

케이티가 웃음을 지었다. "아빠, 이건 아빠에게는 좋을 수 있는데, 책을 쓰는 데는 그렇지 않을 거예요."라고 말했다. 나는 케이티가 책에 쓸 수 없는 무엇인가 끔찍한 일을 언급하려고 한다는 생각이 갑자기 들었다. 케이티는 그녀의 어깨를 움찔하며 "생각나는 것이 아무것도 없어요."라고 말했다. 얼마나 안도감이 들던지!(아마 아내는 "정말 굉장해요."라고 덧붙였을 것이다.)

나는 아버지로서 완벽하게 행동했다고 말하는 것이 아니다. 내가 케이티의 용서를 구해야만 했는데 하지 못했던 순간들도 있었던 것이 분명하다. 그러나 열여섯 살의 케이티는 아무것도 기억할 수 없었고, 솔직히 말해서, 나도 기억할 수 없었다. 만약 그런 일이 있었다면 그 즉시 해결하기 위해서 최선을 다했을 것이다.

잘못을 인정하고 용서를 구하는 능력을 가진 그리스도인 부모들은 매우 드물다. 교회에 다니는 아이들을 대상으로 한 설문조사에서 응답한 아이들 중 37%, 즉 셋 중에 하나 이상이 부모로부터 잘못을 인정하는 말을 거의 혹은 전혀 듣지 못했다고 답을 했다. 짐작컨대 아이에게 용서를 구한 부모는 더 적은 수였을 것이다.

아이들이 자신의 잘못을 인정하기 어려워하는 것은 전혀 놀랄 일이 아니다. 우리 아이들이 자신을 부모와 동일시하는 데 어려움을 겪는 것도 전혀 이상하지 않다. 부모가 그토록 완전한데 그들이 자존감 때문에 갈등하는 것은 당연하지 않겠는가!

아이의 죄에 대해 오래 참아 주고 바로 용서해 주는 아버지, 또한 지나간 그의 잘못을 두고두고 기억하지 않는 그런 아버지의 자녀는 참으로 복이 있다. 그런 아버지는 손쉽게 그리고 더 풍성하게 자녀들이 지혜와 경건함과 성숙함을 가지도록 가르친다. 그런 아버지는 자녀들 안에 자존감과 자신감을 더 쉽고도 풍성하게 심어 줄 수 있다. 그런 아버지는 보다 쉽게, 보다 훌륭하게 자기의 잘못을 빨리 인정하고 죄를 회개하도록 자녀들을 훈련할 수 있다. 그런 아버지는 보다 쉽고 훌륭하게 다른 사람을 인내하고 용서하는 자녀로 양육할 수 있다. 그런 아버지는 하나님 아버지의 형상을 더욱 풍성하게 반영하고 또한 그렇게 함으로써 그 자녀들 역시 본이 되신 하나님 아버지께로 이끌어 간다.

묵상, 토의 그리고 실천을 위한 질문들

1. 당신은 과거에 어느 정도 용서하는 아버지였는가? 당신의 과거의 모습을 가장 잘 반영하는 아래의 문장에 표시를 해 보라.

- 나는 용서하는 아버지였다.
- 나는 용서하기를 주저하는 아버지였다.
- 나는 아이들에게 용서한다는 말을 가끔 한다.
- 나는 아이들에게 용서한다는 말을 거의하지 않았다.
- 나는 아이들에게 용서한다는 말을 전혀 하지 않았다.

2. 아래의 빈칸에 당신이 성장할 때 가정에서 용서를 받은 적이 있었는지 만약 그렇다면 어떻게 용서를 받았는지에 대해서 기록해 보라. 지금 당신의 가정이 그때와 비슷한 점은 무엇인가? 달라진 점이 있다면 무엇인가?

_____

_____

3. 당신의 자녀들에게 더 효과적으로 용서를 가르치기 위해서 이번 주에 할 수 있는 일이 무엇인가? 구체적인 생각들을 아래에 적어보라.

_____

_____

4. 당신의 자녀들에게 용서를 구해야 할 일이 있는가? 그렇다면 그것들은 무엇이고, 언제 구할 것인가?

_____

_____

12장

내가 닮고 싶은 아버지의 성품

존경할 수 있는 아버지

THE FATHER CONNECTION

12장

내가
닮고 싶은
아버지의
성품
–
존경할 수
있는
아버지

*

225

이 이야기는 대주교 틸랏손John Tillotson이 켄터베리의 주임 사제로서 막강한 힘과 명예를 가졌을 때의 이야기이다.

어느 날 오후, 그가 집에 있을 때 한 방문객이 벨을 눌렀다. 주임 사제의 하인 중 하나가 문을 열어보니 허름한 옷을 입은 노인 한 사람이 존 틸랏손이 집에 있는지를 물었다. 그 노인은 흔히 볼 수 있는 요크셔 사람이었다. 켄더베리의 주임 사제를 그렇게 부르는 무례함에 경악한 하인은 그를 질책하며 집에서 쫓아낸 후 마치 쓰레기를 버린 것처럼 손을 털었다.

그런데 집 안에 있던 주임 사제가 그 사람의 목소리를 알아듣고 하인이 문을 닫으려는 순간 문으로 달려왔다. 그는 문을 활짝 열면서 하인이 깜짝 놀랄 만큼 큰 소리로 "그분은 나의 사랑하는 아버지셔!"라고 외쳤다. 그 존경받는 대주교는 아버지가 멈추어 선 곳까지 달려가서 무릎을 꿇고 아버지의 축복을 요청했다.

틸랏손 사제는 교회에서 지극히 명예로운 지위에까지 올라갔지만, 그럼에도 평범하고 보잘것없어 보이는 요크셔 출신의 그의 아버지를 사랑하고 존경했다. 아버지를 존중하는 그 주임 사제의 모습은 그 자신의 성품을 보여 주었을 뿐 아니라 그의 아버지의 성품을 엿보게 해 준다. 그것이 우리가 양육하기 원하는 자녀의 모습이다. 또한 우리가 그렇게 되기를 원하는 아버지의 모습이다.

우리는 아이들에게서 존경받기를 원한다. 우리는 그들이 우리 아버지들을 존경해 주고, 그들의 어머니를 존중해 주기를 바란다. 웃어른을 존경하고, 권위를 가진 자들을 존경해 주기를 바란다. 그리고 그들 스스로를 존중하기를 바란다. 그런 이상적인 일들이 꼭 비현실적인 것은 아니다. 나는 이렇게 자녀를 양육하는 일이 가능하다고 확신한다. 그러나 오늘날 존경의 모습을 보기 어려운 이유는 이러한 아이들은 앞서 제시했던 아버지의 아홉 가지 자질들이 영향을 미친 결과물이기 때문이라고 나는 믿는다. 아버지들은 오직 사랑과 용납, 순결과 진실, 신실함, 용서 등의 본이 됨으로써 아내와 아이들에게 존경을 받을 수 있다. 이러한 자질들은 아버지의 존경을 보여 주고 또한 아버지가 그러한 존경을 받을 만한 대상임을 보여 준다. 존경은 하나님 아버지를 닮은 아버지에게서 흘러나오고 또한 그에게로 흘러간다.

하나님 아버지의 모습

──────── 성경에는 다른 사람을 존경하라는 권고들이 많이 나온다. 자녀들은 부모를 공경해야 한다고 했다. 성경은 "네 부모를 공경하라."출 20:12고 명령한다. 우리는 "노인의 얼굴을 공경"레 19:32해야 하며, "위에 있는 권세에게 복종"롬 13:1해야 한다. 바울은 디모데에게 "잘 다

스리는 장로들은 배나 존경할 자로 알되"딤전 5:17라고 권고했다.

성경은 존경하라고 명령한다. 왜냐하면 다른 사람을 존경하는 것이 옳기 때문이다. 우리 각 사람에게는 존경받을 만한 것이 있으며 이는 바로 하나님의 속성에서 흘러나온다. 성경은 "하나님은 영"이시고 그 안에 "생명"이 있다고 말하고 있다.요1:4, 요4:24. 이는 모든 인간이 가지고 있는 하나님 속성의 일부이다. 왜냐하면 "여호와 하나님이 땅의 흙으로 사람을 지으시고, 생기를 그 코에 불어넣으시니 사람이 생령이 되었기"창 2:7 때문이다. 모든 사람은 하나님의 형상을 따라 지으심을 받았다.창 1:26-27 우리는 위엄과 특별한 목적으로 창조된 불멸의 영혼들이다. 각 사람은 생기를 불어넣으시고 생명을 주신 하나님의 형상을 반영하고 있기 때문에 존경받을 만한 가치가 있는 것이다.

모든 사람을 기본적으로 존경하는 것에 더하여 우리는 위에 있는 권위에 대해 존중하고 순종하도록 명령받았다. "각 사람은 위에 있는 권세들에게 복종하라. 권세는 하나님으로부터 나지 않음이 없나니 모든 권세는 다 하나님께서 정하신 바라."롬 13:1 세상의 통치자와 교회의 지도자들에 대한 존경은 모든 것 위에 하나님의 권위가 있음을 인정하는 것이다.

놀랍게도 하나님은 우리에게 하나님과 서로를 존경하라고 명령할 뿐 아니라 그분도 우리를 존중해 주신다. 하나님은 "자신의 형상을 따라" 우리를 창조하셨다. 바로 그 이유 때문에 하나님은 우리에게 그러한 자격이 없음에도 우리를 존엄한 존재로 대해 주신다.

> "사람이 무엇이기에 주께서 그를 생각하시며, 인자가 무엇이기에 주께서 그를 돌보시나이까 천사들보다 조금 못하게 하시고, 영화와 존귀로 관을 씌우셨나이다."시8:4-5

하나님은 우리를 존중하는 아버지이시다. 그는 또한 지극한 존경을 받기에 합당하신 아버지이시다. 나는 그와 같은 아버지가 되기를 원한다. 나는 하나님처럼 존경을 받을 만한 존재도 아니고, 결코 그렇게 되지 못할 것을 알고 있다. 그는 거룩하시고 전능하신 분이신 반면에, 나는 죄인이고 한없이 약한 존재이기 때문이다. 그러나 그 아들의 희생과 성령의 역사를 통하여 나는 아이들에게 아버지로서 하나님의 형상을 드러낼 수 있다. 그렇게 하려면 기도와 말씀 가운데 그분에게 의존해야 한다. 또한 다음 사항들을 따르면 도움이 될 것이다.

1. 존경하는 모습을 보이라

당신은 어떻게 부모를 대하는가? 당신은 아이들 앞에서 다른 사람들에 대하여 어떻게 말하는가? 당신의 배우자를 존경하는 모습을 보이는가? 당신의 윗사람이나 교회 지도자, 또는 동료에게는 어떠한가? 교통법규나 시의 법규들을 지키는가? 하나님의 피조물들을 존중하는가?

존경받을 만한 아버지가 되는 핵심 요소 중 하나는 하나님 아버지가 우리에게 존경을 명령하셨을 뿐 아니라 우리를 존중하는 모습을 보여 주신 것처럼 존경하는 모습을 보여 주는 아버지가 되는 것이다. 당신의 삶을 통해 아이들에게 존중하는 태도와 행동의 본이 됨으로써 당신은 존경이 어떤 것인지를 구체적으로 그들에게 보여 줄 수 있을 것이다.

또한 존경을 보여 주는 것은 당신의 아이들을 존중하는 태도로 대하는 것을 포함한다. 어른들은 존경을 일방통행으로 이루어지는 것으로 생각한다. 그러나 아이들 역시 하나님의 형상대로 지으심을 받았다. 어떤 아버지들이 스포츠 경기를 잘못했다고 자녀를 혼내는 것을 보았다. 어떤 아버지는 악의 없이 한 말로 인해 아이에게 눈을 부릅뜨

기도 한다. 어떤 아버지들은 아이에게 모욕적인 말을 하거나 욕을 하기도 한다. 또한 열일곱 살 난 아들에게 마치 여섯 살짜리 대하듯 말하는 아버지도 보았다.

아버지들이여, 존경을 받는 길은 바로 우리에게서 시작한다. 그것은 하나님의 관점으로 아이들을 보고, 그들을 예우해 주는 것으로부터 시작된다. 그것은 아이들의 의견을 구하며, 그들이 말할 때 들어 주는 것을 의미한다. 그것은 우리가 다른 사람들에게 하는 것처럼 아이들에게도 정중하게 '부탁'하고, "감사하다"고 말하는 것을 의미하며, 우리의 아이들을 포함한 모든 사람에게 존경하는 모습을 보이며 그들을 하나님의 자녀처럼 대하는 것을 의미한다.

12장

내가
닮고 싶은
아버지의
성품
–
존경할 수
있는
아버지

*

229

2. 존경의 의미를 정의하라

어떤 아이들은 존경하는 것이 무슨 의미인지 알지도 못한 채 존경하라는 말을 듣는다. 부모들은 그들에게 존경한다는 것이 무슨 의미인지 말해 준 적이 없다.

존경을 정의한다는 의미는 당신의 자녀들이 모든 사람, 특별히 부모와 나이든 사람들, 그리고 정부와 교회의 권위자들을 존경하라는 성경의 명령을 알도록 가르치는 것이 포함된다. 그것은 또한 다른 사람들에게 존경을 보여 주는 방법으로 예절—예를 들어, 어른에게 경어를 쓰거나 다른 사람을 위해 문을 열어 주는 등—을 가르치는 것이 포함될 수도 있다.

나는 션과 함께 쇼핑센터에 차를 타고 갔던 때를 기억한다. 주차장에 도착했을 때 우리들은 이야기에 열중하느라 다소 급하게 주차를 했다. 차에서 나오려는 순간, 나는 차 한 대가 아니라 두 대의 주차공간

거의 중앙에 차를 주차시켰다는 것을 알게 되었다. 우리는 시간이 없었기 때문에 차를 그대로 놓아두고 가고 싶은 유혹이 잠깐 들었다. 그러나 곧 나 자신에게 이렇게 말했다.

"안 돼, 이러면 누군가가 주차공간을 찾을 수 없어서 더 많이 걸어야 할 수도 있어. 아들에게 어떠한 본이 되고 싶은가?"

나는 션에게 자리에 그대로 앉아 있도록 했다. 그리고 차를 다시 주차하면서 션에게 작은 교훈을 가르칠 수 있는 기회라는 것을 깨달았다.

나는 "션, 내가 왜 차를 뒤로 빼는지 알겠니?"라고 물었다. 션은 "왜요, 아빠?"라고 물었다. 나는 "아빠가 잘못 주차했던 것을 보았지? 사실 아빠는 차 두 대를 주차할 수 있는 공간을 차지했어. 이대로 놔둔다면 무례한 행동이 될 수 있어. 누군가가 주차공간을 찾지 못할 수도 있고, 그러면 쇼핑센터에 가기 위해서 더 멀리 걸어야 할 수도 있으니까."라고 말했다.

나는 이 기회를 사용하여 아들에게 존경이 무엇을 의미하는지, 또 다른 사람을 존중하는 행동이 어떤 것인지를 이해하도록 도울 수 있었다.

3. 자존감을 키워 주라

다른 사람을 향한 건전한 존경은 자존감에서 시작된다. 자신을 존중하지 않는 젊은이는 어머니, 아버지, 선생님, 목사님, 혹은 다른 누구도 존경하기가 어려울 것이다. 아버지들은 다음의 내용들을 아이들에게 전달하므로 그들 안에 자존감을 배양하는 것을 도울 수 있다.

· 네가 하나님의 형상대로 창조되었기 때문에 나는 너를 존중한다. 죄가 그 형상을 망치고, 흐릿하게 만들었음은 분명하다. 그럼에도

불구하고, 모든 아이들은 그들이 하나님의 형상을 반영하고 있기 때문에 존중받을 만한 가치가 있다.

12장

내가
닮고 싶은
아버지의
성품
-
존경할 수
있는
아버지

*

231

· 나는 네가 하나님의 영원한 가족의 일원이기 때문에 혹은 일원이 될 가능성이 있기 때문에 너를 존중한다.

사도 바울은 그리스도인들에 대해 "우리는 그의 만드신 바라."엡2:10라고 단언했다. 이 구절에서 바울이 사용했던 "만드신 바라"라는 단어는 헬라어로 '포이에마'poiema인데, 이 단어는 귀중한 예술작품을 가리키는 데 사용되었다(이 단어에서 영어의 '시'poem라는 단어가 나왔다.). 달리 말하면, 당신의 아이들은 하나님의 '시'이고, 그의 걸작이며, 그의 소중한 예술 작품이다.

· 네가 나의 삶을 풍부하게 하기 때문에 나는 너를 존중한다.

시편 127편 3절에서 아이들은 사랑하는 하나님 아버지가 우리에게 주신 특별한 선물이라고 말하고 있다. 아이들이 우리의 삶을 풍요롭게 한다는 것을 인정하는 것은 고상하고 추상적인 진리가 아니다. 다른 누구보다 그들은 하나님의 은혜를 통하여 우리가 최선의 사람이 되도록 우리에게 도전을 줄 수 있다. 그렇다. 아이들은 우리에게서 배우기도 하지만 우리를 가르치기도 한다.

내가 앞서 이야기한 쇼핑센터에서 주차를 잘못했던 때 션에게 무엇을 이야기하고 있었는지 아는가? 나는 이렇게 말하고 있었다.

"션, 너는 내게 정말 특별한 존재야. 내가 이것을 알아가는 것처럼 너 또한 이 사실을 알게 되길 바라. 내가 너희 아빠가 된 것을 특권으로 생각한다는 것을 알기 바란다. 나는 세상에서 가장 운이 좋은 사람 중에 하나야."(그가 내가 운전을 잘못한 것을 눈치 채지 못한 것도 놀라운 일이 아니다!)

· 너의 독특성과, 인격, 재능과, 은사들 때문에 너를 존중한다.

어리거나 어른이거나 모든 인간은 소속감과 자존감, 그리고 자신감을 가질 필요가 있다. 한 여자아이가 그녀의 부모에 대해 했던 말을 들어보라.

> 우리 부모님이 잘한 일에 대해 처음으로 생각하기 시작했을 때, 우리 각자를 서로 다른 은사를 가진 개인으로 여기시고 감사했던 것이 가장 뚜렷이 마음에 남았다. 내 언니와 나는 공부를 잘했고, 에세이를 쓰는 것을 좋아했다. 두 남동생은 글 쓰는 것과 연극과 그림과 시 등을 좋아했다. 그들은 창작활동을 즐겼다. 우리 모두 배우며, 좋은 학업 습관을 개발하고, 학교생활들을 잘하도록 격려해 주셨다. 동시에 우리 부모는 우리의 능력을 따라 우리의 가치를 판단하시지 않았기 때문에 우리는 압박감을 느끼지 않고 자유로움을 누렸다. 예를 들면, 우리 부모는 학업을 중시했지만, 그러나 그들은 남동생들의 창조적인 은사들에 대해서도 어떠한 학업적인 성취를 이룬 것 못지않게 큰 칭찬과 격려를 아끼지 않았다.[39]

이러한 태도가 자녀들에게 전해질 때 그들이 건강한 자존감을 형성하는 데 크게 기여할 수 있다.

4. 당신의 아내를 존중하도록 하라

수년 전, 큰딸 켈리가 열한 살이었을 때 켈리와 아내 도티는 서로 신

---

39) As quoted in What They Did Right, Virginia Hearn, ed. (Wheaton, IL: Tyndale House Publishers, 1974), pp.166-167.

경을 거슬리며 힘든 시간을 보내고 있었다. 켈리가 아내에게 말대꾸를 하며 다소 무례하게 말하기 시작했던 것이다.

12장

내가
닮고 싶은
아버지의
성품
–
존경할 수
있는
아버지

*

233

이런 일을 몇 번 본 뒤에 더 이상은 안 되겠다고 생각했다. 나는 켈리의 어깨를 잡고 부드럽게 그녀를 돌려 세웠다. 그리고 켈리의 눈을 보면서 "켈리야, 네 엄마에게는 그런 식으로 말할 수 있을지 모르겠지만 나는 내 아내에게 그런 식으로 말하는 것을 절대 허락할 수 없어! 나는 내 아내를 사랑하고, 가족 이외의 사람들뿐 아니라 너희들로부터도 보호할 거야. 그러니까 다시는 내 아내에게 그런 식으로 말하지 말거라!" 하고 말했다.

켈리는 눈을 깜빡거리고 무엇인가 중얼거리면서 그 자리를 떠났다. 그러나 내가 했던 짧은 말의 효과는 즉각 나타났다. 다음번에 켈리는 도티에게 말대꾸를 하다가 자제하고는 나를 보면서 "오, 아빠 아내에게 그런 식으로 말하면 안 되죠, 그렇죠?"라고 말했다. 나는 "그렇지, 켈리야. 그러면 안 되지."라고 눈을 깜빡이면서 말했다.

아이들은 집에서 존경에 대해 배운다. 아이들이 엄마에게 무례하게 말하는 것을 내버려둔다면 나는 그들이 배웠으면 하는 것과는 정반대의 것을 가르치게 되는 것이다.

5. 형제 간에 존중하도록 하라

형제 자매들은 최고의 친구가 될 수 있고, 최악의 원수가 될 수도 있고, 혹은 두 가지 다 될 수도 있다. 그것은 환경과 그들의 나이, 그들이 살고 있는 시대나 그들의 기분에 따라 좌우된다. 형제들은 놀랄 만큼 서로 사랑하는 사이가 될 수 있고, 지독하게 잔인해질 수도 있다. 차이와 갈등은 형제와 자매들 사이에 불가피할 수도 있지만, 무례함은 용납되어서는 안 된다. 지혜로운 아버지는 욕하는 것이나 모욕적인 행동, 그리고 못살게 구는 것 등에 대해 하나님의 사람이 행해야 할 성경적인 기준에 반한다는 것을 설명하며 금지시킬 것이다. 제임스 돕슨 James Dobson 박사는 자신의 가족 안에서 서로를 존중하도록 하기 위해 정한 경계를 제시하고 있다.

1. 어떤 아이도 다른 사람을 흉보며 놀리는 것은 허용되지 않는다. 절대로!
2. 아이들 자신의 방(형제가 방을 같이 쓴다면 각자의 공간)은 자신의 개인적인 영역이다.
3. 형이나 누나가 동생을 못살게 구는 것은 허용되지 않는다.
4. 동생이 형이나 누나를 괴롭히는 것은 허락되지 않는다.
5. 누군가가 혼자 있고 싶거나 친구들과 놀고 싶을 때 다른 형제와 꼭 같이 놀아야 할 필요는 없다.
6. 다툼이 일어나면 우리는 즉시 개입하여 언제나 편견 없이 공정함을 보이도록 주의하며 중재한다.[40]

6. 가르침을 위한 순간들을 포착하라

유능한 아버지는 지혜와 통찰력을 전해 줄 기회들을 찾고, 가르침을 위한 순간들을 포착하여 놓치지 않고 모든 가능성들을 활용하려고 노력한다. 예를 들어, 아이들과 저녁 식사를 하면서 나누는 대화는 당신 아이들의 사고를 자극할 수 있고, 진리의 씨앗을 심어 줄 수 있다(물론 이것은 당신 가족이 자주 함께 저녁 식사를 한다는 것을 전제로 한 것이다. 그렇지 않다면 이제부터 시도해 보지 않겠는가? 텔레비전을 끄고 그러한 시간을 가진다면 아이들에게 존경에 대해 가르칠 수 있는 최고의 기회가 될 것이다. 당신 가족이 정기적으로 저녁 식사 시간을 함께하지 못한다면 그러한 기본적인 시간들을 다시 만들도록 고려해 보라.).

40) Dr. James Dobson, The Strong-Willed Child (Wheaton, IL: Tyndale House Publishers), p.132.

쇼핑하기 위해 함께 차를 타고 가거나 아이의 프로젝트를 위해 함께 시간을 보낼 때 왜 존경심이 중요한 것인지 가르치는 기회로 삼으라. 어떻게 하면 당신이 아이들에게 더 존경하는 태도를 보일 수 있는지 그들에게 물어보라. 아이들이 좀 더 존경하는 태도를 가질 수 있도록 당신은 한두 가지 방법들을 부드럽게 제안할 수도 있다.

이 책에서 앞서 언급했던 것처럼, 아이들 각자와 데이트를 하면서 어떻게 이성을 존중하는 태도로 대할 수 있는지 혹은 어떻게 상대방의 정중한 태도를 받아들이는지에 대해 아이들을 가르쳐라. 슈퍼마켓에서 엄마에게 무례하게 대하는 아이를 목격한다면 집으로 오는 길에 아이들과 그 사건을 언급하며 대화하라. 텔레비전 프로그램에 부모에게 무례하게 구는 아이들이 나온다면 채널을 다른 곳으로 돌리지 말고 함께 시청하며 광고하는 동안에 무례하게 행동하는 배우가 재미있는지, 매력적인지, 또는 성공적인지를 물어보라(솔직한 대답에 어떻게 대처할지 준비하라.).

하나님 아버지를 닮은 아버지가 되기 위해서는 존경하는 아버지가 존경을 받는다는 것을 알아야 한다. 이런 아버지가 권위를 존중하며, 스스로를 존중하고, 형제와 다른 동료들을 존중할 줄 아는 아이들을 양육할 것이다. 이런 아버지가 "나는 언젠가 아빠와 같은 사람, 그리고 내가 감탄하고 존경할 수 있는 사람과 결혼하고 싶어요."라고 말하는 딸, 그리고 "아빠랑 똑같이 되고 싶어요."라고 말하는 아들을 양육하게 될 것이다. 이런 아버지가 기른 자녀들은 친구와 가족, 동료와 직원들, 그리고 언젠가는 그들의 자녀에게 존경을 받을 것이다.

이런 아버지가 우리가 되기를 원하는 아버지이다. 그리고 하나님의 도우심을 받아 우리는 이러한 아버지가 될 것이다.

12장
내가
닮고 싶은
아버지의
성품
—
존경할 수
있는
아버지

*
235

묵상, 토의 그리고 실천을 위한 질문들

1. 이 장에서 다루었던 여섯 가지 전략 중에서 당신의 가정에 현재 가장 시급하고 중요하다고 생각하는 전략들의 우선순위를 표시해 보라(1-6으로 그것들의 순위를 매기라. 가장 중요한 것이 1번이다.).

_____ 존경하는 모습을 보이라.

_____ 존경에 대한 정의를 내리라.

_____ 자존감을 키워 주라.

_____ 아이들에게 당신 아내를 존중하도록 요구하라.

_____ 형제 간에 존중하도록 하라.

_____ 자녀를 교훈할 기회를 포착하라.

2. 아래 빈칸에 당신이 다른 사람들에게 존경을 표현할 수 있는 좋은 방법들을 열거해 보라(당신의 부모, 아내, 상관, 교회의 지도자들).

_____

_____

_____

_____

_____

_____

3. 아래 빈칸에 당신의 자녀들을 존중한다는 것을 표현할 수 있는 좋은 방법들을 열거해 보라.

_____

_____

_____

_____

*4. 당신 자신이나 자녀들 안에 존경하는 태도와 행동이 자라도록 하기 위해서 이번 주에 행할 실제적인 방법 세 가지를 적어보라.

_____

_____

_____

※ 이 방법들을 구체적이고, 실천할 수 있는 행동으로 바꿔서 당신의 일정표에 그
   것들을 표시하라.

13장
하나님의 마음에
합한 아버지

A FATHER CONNECTION

하나님의 선지자 사무엘은 하나님께서 지시하신 대로 행했다. 그는
베들레헴의 목자였던 이새의 집을 방문하여 마치 장군이 자기 군대를
조사하듯 이새의 아들들을 조사했다. 하나님께서도 그에게 그 아들 중
하나가 이스라엘의 왕이 되도록 선택하셨다고 말씀하셨다.

그는 이새의 아들 엘리압을 보고 "이 청년이 틀림없어. 그를 보라!
그는 사나이 중의 사나이야. 강하고, 크며, 지혜가 있고 훌륭한 용모
등 모든 것을 갖췄어."라고 생각했다. 그러나 하나님께서는 "그는 내
가 마음에 둔 사람이 아니야."라고 말씀하셨다.

사무엘의 시선은 아비나답에게로 향했다. 그 선지자는 하나님의
결정을 이해할 것 같았고, "엘리압처럼 크지는 않지만 침착한 청년임
에 틀림이 없어. 나는 그의 얼굴에서 두려움 없이 전쟁터에서 군대를
이끄는 모습을 볼 수 있어."라고 생각했다. 그러나 하나님께서는 "사
무엘, 다음으로 넘어가. 시간이 없어."라고 말씀하셨다. 그래서 사무
엘의 시선은 이새의 다음 아들인 삼마에게로 향했고, "그 역시도 아니
야."라고 하나님께서 말씀하시기도 전에 그는 이미 하나님의 대답을

알 수 있었다. 사무엘은 이새가 자랑스럽게 보여 준 일곱 아들 모두를 살펴보았다. 그리고 하나님께서는 그 누구도 아니라고 말씀하셨다. 사무엘은 의아하게 생각했다.

"하나님, 제가 당신의 말을 잘못 알아들었나요? 당신은 분명히 베들 레헴의 이새의 집이라고 말씀하시지 않았습니까?"

마침내 사무엘은 이새에게 다시 물었다. "이새, 네 아들이 다 여기에 있느냐?" 당황한 아버지가 어깨를 으쓱하고 손을 흔들면서 "막내가 있는데, 그는 양을 치고 있어요."라고 대답했다. 오직 하나님의 선지자만이 명할 수 있는 권위를 가지고 사무엘은 "그를 데려오라."고 말했다. 그래서 이새는 막내인 다윗을 불렀다.

사무엘은 그 소년이 다가오는 것을 보았을 때, 자신의 몸에 전율이 흐르는 것을 느꼈으며, 하나님께서 "일어나서 그에게 기름을 부으라. 내가 택한 자이니라."라고 말씀하신다는 것을 느낄 수 있었다. 바로 그날 사무엘은 이스라엘의 다음 왕으로서 다윗에게 기름을 부었다.

그 새로운 왕은 결코 이유가 명백한 그런 선택은 아니었다. 그의 형들은 사람들이 인정하는 용사들이었고, 검증된 지도자였다. 하나님의 왕으로 선택된 다윗보다 그들은 더 크고 강했으며 경험도 많았다. 그러나 다윗의 왕으로서의 자격은 사울 왕이 팔레스타인과 아말렉을 정복하기 전, 그가 길갈에서 하나님의 선지자를 격노케 하고 하나님께 불순종하기 훨씬 전에 이미 공표되었다. 사무엘은 사울 왕에게 하나님께서 이미 "그의 마음에 맞는 사람을 구하여…그를 그의 백성의 지도자로 삼으셨다."삼상 13:14고 말했다.

다윗이 왕이 된 것은 그의 체격이 우람하거나 군사적인 기량이나 총명함 때문이 아니었다. 그는 하나님의 마음에 합한 사람이었기 때문에 왕이 되었다. 그가 이스라엘을 인도하는 데 적격인 이유는 바로 하나님과의 친밀한 관계 때문이었다.

하나님의 마음에 합한 사람. 나는 그와 같은 사람이 되기를 원한다. 나는 하나님의 마음에 합한 그와 같은 아버지가 되기를 원한다. 나는 아이들에게 하나님의 무조건적인 사랑과 용납의 마음을 보여 주는 본이 되고 싶다. 나는 그의 거룩하심과 순결함을 반영하고 싶다. 하나님이 그의 자녀들에게 그러하신 것처럼 정직하고 신뢰할 만한 아버지가 되며, 자녀들에게 위로자와 피난처가 되기를 원한다. 하나님이 그러하신 것처럼 나는 아이들에게 친구가 되기를 원하며, 그들을 위한 경건의 훈련을 제공하고, 하나님이 우리를 용서하신 것처럼 용서하는 아버지가 되기를 원한다. 나는 아이들이 나를 존경해 주기를 원하며, 그들이 다른 사람들로부터 존중받기를 원한다.

아버지 노릇을 한다는 것은 어떤 세대에서든지 힘들고 어려운 일이다. 그러나 《뉴스위크》지에 글을 쓰는 제리 애들러는 "한 세대가 지나지 않아 아버지(혹은 어머니) 노릇을 하는 것이 두 배나 어려워졌다."고 말한다.[41] 그 이유에 대해서는 오늘날의 사회가 아버지에게 더 많은 것을 요구하고 기대하기 때문이라고 한다.

21세기에 아버지 노릇을 한다는 것은 분명히 아버지들로 하여금 최대한의 자원을 끌어내고 상상력을 펼쳐야 하는 하나의 도전이다. 그러나 만약 당신이 하나님의 마음에 합한 아버지가 되고자 한다면 당신은 당신의 자원이나 상상력에 제한받지 않는다. 사실상 당신은 전혀 제한이 없다. 왜냐하면 하나님이 당신의 자원이 되고, 그가 기꺼이 "그리스도 예수 안에서…그 풍성한 대로 (당신의) 모든 쓸 것"빌 4:19을 공급하실

---

41) Jerry Adler, "Building a Better Dad," Newsweek (June 17, 1996), p.59.

것이기 때문이다. 당신이 아버지로서 할 일들을 참으로 성경적인 낙관론을 가지고 대할 때 하나님은 더욱더 그렇게 하실 것이다.

긍정적인 태도를 가지라

─────── 하나님의 말씀은 우리에게 "마음의 생각이 어떠하면 그 위인도 그러한즉"잠 23:7이라고 가르친다. 당신의 마음의 태도는 거친 파도가 밀려오는 바다를 뚫고 나아가는 강한 배와 같이 긍정적으로 앞으로 나아가게도 하고 당신의 배를 침몰시키고자 하는 원수처럼 모든 문제를 보게 함으로써 당신을 머뭇거리게 할 수도 있다. 아버지의 역할을 감당할 때 당신이 직면할 수 있는 상황들과 개인적인 한계들을 다루는 데 있어서 긍정적인 마음가짐은 아주 중요하다.

당신이 긍정적인 태도를 갖지 못했다면 참된 성경적인 낙관론을 따라 아버지 역할을 하기로 지금 결단하라. 사도 바울은 "내게 능력 주시는 자 안에서 내가 모든 것을 할 수 있느니라."빌 4:13라고 했다. 이 구절의 "모든 것"이란 힘든 상황에서 효과적이며 경건한 아버지가 되는 것도 포함한다.

성경은 우리의 사랑하는 아버지가 우리 삶의 모든 면을 살피신다고 말하고 있다. 그는 우리의 상황들을 아시고, 하나님의 사람으로 충만한 분량에 이르도록 우리를 강하게 하고 격려하기 위해서 바로 그 상황을 사용하시기를 원하신다. 그러므로 당신이 장애물을 만나든지, 한계에 부딪치든지, 혹은 어떠한 어려움을 당한다면, 그것들을 성장의 기회로 여겨라. 아버지의 역할은 하나님께서 남자들을 성숙시키기 위한 주요한 방법들 중의 하나이다. 이것이 우리가 긍정적이어야 하는 충분한 이유이다.

우리의 태도는 자주 그렇게 긍정적이 못된다. 왜냐하면 부모의 역할을 나의 책임, 나의 능력, 나의 지식이라는 측면에서 생각하기 때문이다. 하나님은 우리 삶의 모든 영역에 함께하시며 자신을 내어 주시는데 우리는 그것을 잊고 있다. 그러나 우리가 그분의 지혜, 그분의 힘, 그분의 사랑, 그분의 인내, 그리고 그분의 자비를 구하면 우리의 관점은 달라진다. 오직 성령만이 우리가 하나님의 마음에 합한 아버지가 되기 위해 필요한 자질과 능력을 만들어낼 수 있다. 아버지로 살아가면서 하나님과 동행하기 위해 우리가 해야 할 일은 날마다 그의 생생하고 신실하신 간섭을 기대하며 초청하는 것이다.

이런 개념들을 네 개의 문장으로 요약해 보자.

첫째, 긍정적인 마음가짐은 당신을 효과적인 아버지로 만든다.
둘째, 아버지의 역할은 당신의 삶에 의미 있는 성장을 가져다 주는
　　　하나의 기회이다.
셋째, 아버지의 역할에 대한 도전은 당신의 삶에서 하나님의 속성과
　　　그분의 자원이 얼마나 거대하고 실제적인 것인지를 발견하게 한다.
넷째, 하나님의 마음에 합한 아버지가 될 수 있다.

특별한 도전을 받아들이라

———————— 아버지가 된다는 것은 엄청나게 힘든 일이다. 그것은 고통스러울 수도 있다. 그러나 아버지 역할에 따르는 어려움과 고통은 두려워해야 할 것이 아니다. 당신이 어떤 특별한 도전을 직면하든

지, 당신의 어린 시절이 어떠했는지, 당신의 약점이 무엇이든지 상관 없이 당신은 당신 안에서 또한 당신을 통하여 그의 형상을 나타내시는 하나님의 능력을 체험할 수 있다.

많은 아버지들이 너무나 어렵고 힘든 상황에 처해 있기에 여기에서 논의해 보고자 한다. 당신은 당신의 선택으로 인하여 어려움에 처해 있을 수도 있고, 혹은 당신이 통제할 수 없는 상황 때문에 어찌할 바를 모르고 있을 수도 있다. 어찌되었든 효과적인 아버지가 되기 위해 당신은 정직하게 그 문제를 직면하고 싶을 것이며, 또한 필요하다면 변화를 주고 싶을 것이다.

1. 혹사당하는 아버지

우리 할아버지 시절에는 남자들이 육체적인 노동을 했다. 그러나 오늘날 남자들은 정신적·정서적으로 시달리는 것처럼 보인다. 그들은 마감시간과 매주 혹은 매달 목표 할당량을 채워야 하는 압박감에 시달리며, 디지털 세계와 빠른 템포로 움직이는 삶으로 인한 정신적인 스트레스에 직면하고 있다. 당신이 대부분의 다른 아버지들과 같다면 하루종일 일하고 정신적으로나 정서적으로 기진맥진해서 집으로 돌아오면서도 여전히 그날 직장에서의 일과 그 다음날에 해야 할 일들을 생각하고 있는 자신을 보게 될 것이다. 게다가 우리 중 많은 사람이 주당 40시간 이상을 일한다. 많은 경우 우리에게는 부모 역할을 할 여력이 남아 있지 않다. 직업 외에도 우리가 가족과 함께해야 할 시간을 빼앗는 다른 관심사들을 가지고 있다. 스포츠나 취미생활, 집 보수나 유지, 교회활동들, 지역사회 행사 등 수많은 다른 활동들이 우리의 주의를 빼앗고 있다. 당신이 만약 과도한 업무에 시달리고 있다면 당신이 도전해야 할 영역은 두 가지이다.

첫째, 당신의 성품과 우선순위를 재평가할 필요가 있다. 어쩌면 당신은 바쁠 때 자신이 더 중요하다고 여기거나 심지어는 더 안전하다고 느낄 수 있다. 당신이 좋아서 자청하여 혹사당하는 것은 아닌가? 혹은 당신 삶에서 가장 소중한 일이 (그리스도인의 관점으로) 무엇인지 우선순위를 정하지 못한 것은 아닌가? 이 같은 질문에 답하는 것이 당신에게는 불편할 수도 있다. 심지어 당신에게 위협이 될 수도 있다. 그러나 이 질문들을 무시한다면 당신은 자녀들과의 관계에서 회복할 수 없는 상처를 야기할 수도 있음을 깨달아야 한다.

어떤 사람의 우선순위가 무엇인지는 가족의 필요와 상반되지만 돈을 더 많이 벌 수 있는 직장 승진을 제시받을 때 시험대에 놓여진다. 레이Ray는 우선순위가 바로 서 있는 사람이었다. 남성을 위한 수련회에서 그는 다음의 일을 나누었다.

> 회사 부사장이 나를 그의 사무실로 불러서 새로운 직위로 승진이 결정되었다고 말했습니다. 그것은 우리 가족이 다른 도시로 이사해야 하며, 나는 더 큰 책임을 맡아야 한다는 것을 의미했습니다. 처음에는 아주 흥분되었습니다. 왜냐하면 나는 새로운 도전을 마다해 본 적이 없었기 때문입니다.
> 그러나 모든 중요한 결정을 할 때마다 나는 하나님의 인도를 구하기 시작했습니다. 내가 이 기회를 하나님께 맡겼을 때, 나를 도우셔서 그 기회가 우리 가족에게 좋지 않은 것임을 보게 하셨습니다. 두 아들과의 관계는 매우 만족스러웠고, 그것보다 직장을 우선시 할 수 없다는 것을 알았습니다.
> 승진의 기회를 포기하는 일은 쉽지 않았습니다. 다시는 그런 기회가 오지 않을 수 있다는 것을 알았으니까요. 그러나 나는 내 마음으로부터 올바른 선택을 했다는 것을 알았습니다.

이런 사람이 하나님의 마음에 합한 자이다! 레이의 결정은 그가 하나님이 기뻐하시는 우선순위를 가졌음을 보여 주고 있고, 그는 여전히 그 보상을 받고 있다.

둘째, 바쁜 아버지에 대한 도전은 지혜롭게 일을 하는 것이다. 예를 들면, 네일Neil은 자신이 살고 있는 주state를 돌아다니는 영업사원이었다. 월요일부터 금요일까지 그는 집을 떠나 있어야 하는 일이 자주 있었다. 그가 한 주 동안 집을 떠나 있어야 할 때, 토요일은 가족들과 함께 보내는 시간으로 확실히 정해 둔다. 그의 아이들 또한 그날을 기다린다. 아버지가 그들을 위해 함께 시간을 보내 줄 것을 알기 때문이다.

일로 인해 바쁘지만 지혜로운 아버지는 짧은 시간을 극대화할 수 있는 방법을 찾는다. 이십 분 동안 딸과 함께 산책하면서 그 시간 동안에 딸에게 최대의 관심을 집중한다면 당신은 많은 것을 성취할 수 있다. 저녁 시간에 앞서 이십 분 동안 집 앞에서 아들과 일 대 일 농구를 한다면 당신의 심장이 건강해지고, 허리도 날씬해질 뿐 아니라 관계를 향상시키는 데도 좋을 것이다. 텔레비전과 전화기를 꺼놓고 온 가족이 정기적으로 저녁 식사를 함께하는 것은 모든 가족에게 따뜻하고 즐거운 대화의 안식처가 될 수 있다. 특별히 노력을 해야 할 수도 있고, 우선순위를 바꾸어야 할 수도 있다. 그러나 바쁜 아버지도 여전히 하나님의 마음에 합한 아버지가 될 수 있다.

2. 이혼한 아버지

아마도 당신의 아버지로서의 역할은 이혼으로 인해 영향을 받을 수 있다. 이혼은 아버지와 자녀 사이의 관계를 멀어지게 하고, 때로는 갈라놓기도 한다. 대부분의 경우에 자녀들은 어머니와 함께 산다. 이혼한 어머니가 아이들의 아버지에 대해 분개하고 적대감을 가지고 있다면 아이들과 아버지의 관계는 더 어려워질 수 있다. 많은 아버지들은 간혹 가다 한 번 만나는 것으로 자녀들과 의미 있는 관계를 맺어가는 것이 어렵다는 것을 발견한다.

　이혼한 아버지와 어머니에게 주는 중요한 충고 하나는 두 사람 사이의 문제에 아이들을 결코 개입시키지 말라는 것이다. 부모 한쪽이 상대방을 향하여 분노를 표현한다면 아이들은 동일한 분노를 품게 된다.

　내 친구 딕 데이는 가정과 결혼 그리고 자녀 상담가인데, 언젠가 이혼한 어머니가 열세 살 된 딸에 관해서 상담을 하러 왔었던 일에 대해 이야기해 주었다. 그녀가 이 딸을 임신했을 때 아빠는 가정을 떠났고, 이제 십대가 된 그 아이는 아빠를 향해 극도의 분노감을 가지고 있었다. 딕은 그 엄마에게 지난 십삼 년 동안 아이가 아빠와 얼마나 시간을 함께 보냈는지를 물었다. 그녀는 약 두 달 정도라고 답했다. 딕은 즉시로 그녀에게 이렇게 말했다.

　"당신의 딸이 아빠를 향해 가지고 있는 감정은 아빠와 같이 두 달을 보냈다면 생길 수 없는 것입니다. 아빠를 향한 그 감정은 그녀가 경험한 게 아니라 당신에게서 온 것으로 의심됩니다."

　그 여자는 집으로 돌아가서 그것에 대해 생각했다. 그리고 다음 주에 다시 와서 딕에게 말했다. "당신이 옳아요. 나 자신의 분노를 딸에게 강제로 주입해 왔어요. 그리고 그것은 딸에게 상처를 주었어요. 내가 그 아이 아빠에 대해 좀 더 긍정적으로 생각했어야 해요."

　나는 어려움을 받아들이고 시련을 헤쳐나가면서 자신의 아이들에게 긍정적인 영향을 끼쳤던 많은 아버지들을 알고 있다. 이런 아버지들은 하나님 아버지의 통찰력과 지혜로 생각하며 행동한다.

이혼했지만 지혜로운 아버지는 사려 깊게 그리고 창조적으로 계획한다. 렉스Rex가 그런 사람이다. 그는 두 딸이 있었다. 그가 이혼했을 때 한 명은 열한 살이었고, 다른 한 명은 열세 살이었다. 그는 이혼의 아픔을 겪고 있음에도 불구하고 지속적으로 두 딸에게 그의 사랑과 헌신을 보여 주었다. 그렇게 거창한 것은 아니었지만 아버지의 참된 사랑과 보살핌을 표현했다. 토요일에 그 두 딸이 아빠와 함께 있을 때, 그는 그들과 함께 일을 하고, 그들이 좋아하는 것을 하면서 시간을 보냈다. 얼마 후에 그의 전 부인이 아이들을 돌볼 수 없다는 것을 알게 되자 딸들은 아빠와 함께 살기 위해 당시 이미 재혼했던 렉스의 집으로 갔다. 현재 두 딸은 힘든 시간에도 포기하려고 하지 않았던 아빠 때문에 더 안정적인 삶을 살고 있다.

이혼한 아버지들이 스스로 건강하고 성취감 있는 삶을 산다면, 그들의 아이들을 더 잘 양육할 수 있다. 한 남자의 삶이 공허감과 권태감, 혹은 분노로 꽉 찰 때, 이러한 것들은 밖으로 분출되어 주변 사람들에게 영향을 미치게 된다. 개인적으로 삶의 목표를 가지고 지지그룹의 사람들과 친밀한 우정을 쌓아가며, 다른 사람을 돌보는 데 자신의 힘을 쏟는 아버지는 자녀들이 따를 수 있는 긍정적인 모범이 될 것이다.

3. 양아버지

최근에 재혼한 부모들과 '혼합가족(각각 자녀들 데리고 재혼한 뒤 둘 사이에 또 자녀들 둔 가족 : 역주)'의 수가 증가하고 있다. 이 책이 처음 나왔을 때, 미국에서 결혼한 사람의 40% 이상이 한쪽이나 쌍방 모두가 재혼과 관련되어 있었다.[42] 그러나 오늘날 포커스 온 더 패밀리Focus on the

---

42) Myriam Weisang Misrach, "The Wicked Stepmother and Other Nasty Myths," Redbook (July 1993), p.88.

Family : 미국 기독교 가정 사역 단체에서 인용한 한 연구에 따르면 "매일 미국 내에서 대략 1,300여 개의 새로운 혼합가족이 생겨나고 있고, 2010년이 되면 미국 내에 혼합가족이 어떤 가족 형태보다 더 많아지게 될 것으로 예상된다."[43] 이런 현상은 급속히 진행되고 있고 미래에 그 파장이 나타나게 될 것이다.

아버지가 된다는 것은 힘든 일이다. 양아버지가 된다는 것은 더욱 힘든 일이다. 당신의 양아들은 당신이 자신의 영역(그의 어머니)을 침범한다고 분개할 수도 있다. 당신을 그의 어머니의 애정과 관심을 빼앗으려고 자신과 경쟁하는 사람으로 인식한다. 그는 또한 자신의 삶에 지도력을 행사하려는 당신의 노력들에 분노할 것이다. 그는 당신이 실제 그의 아버지가 아니기 때문에 당신에게 법적으로 얼마나 권한이 주어졌는지 의문을 가질 것이다. 그가 당신을 좋아한다고 해도 당신에 대한 신뢰는 한정된다. 당신을 받아들이거나 친해지는 것은 그에게는 자신의 아버지를 배신하는 것으로 여겨질 수 있기 때문이다.

양아버지로서 의미 있고 유익한 관계를 맺는 것은 하룻밤에 이루어지지 않는다. 그러나 아버지로서의 의무감을 넘어 기꺼이 아이들에게 다가가고자 하는 양아버지가 영향력 있게 아이들을 양육하며 기쁨을 누리는 것을 보았다. 또한 부모와 아이들의 관계가 건강하고 따뜻하게 지속되는 것도 보았다. 양아버지인 당신을 도울 몇 가지 일반적인 기준들을 나누고 싶다.

하나가 되는 것은 시간이 걸린다는 것을 명심하라. 아이들이 그들의 감정을 정리하고, 당신과의 관계에서 마음을 열기 위해서는 시간이 필요하다. 당신이 관계를 형성하기 위해서 너무 서두르거나 아이들에

---

43) http://www.successfulstepfamilies.com/view.php/id/24

게 강한 권위를 내세우려 한다면 아이는 멀리 도망갈 것이다. 아이들이 당신을 알아가고, 신뢰의 관계를 세워가고, 그의 복잡한 감정을 극복할 수 있는 시간을 주라.

가족이 합쳐진 많은 경우들에서 다음의 일들이 일어난다.

(1) 아이들의 초기 용납 단계
"그분이 좋아요. 결혼하세요." 엄마쪽 아이들은 엄마를 행복하게 하는 것은 무엇이든지 좋다고 느낀다.

(2) 아이들과의 밀월 시간이 끝난 후의 단계
"당신이 싫어요! 당신은 내 아버지가 아니에요! 당신이 나에게 하라고 하는 것을 하지 않을 거예요!" 이 단계에서 당신이 실망하거나 당황하지 않는 것이 중요하다. 아이들 안에는 분명치 않은 많은 감정들이 일어날 수도 있음을 기억하라. 그의 친아버지를 향한 분노를 당신에게 퍼부을 수도 있다. 혹은 당신이 그들을 아끼고 돌보는지를 보기 위해서 시험하는 것일 수도 있다. 당신이 지속적으로 긍휼히 여기며 인내하고 마음을 열면 결국 그 결과를 얻게 될 것이다.

(3) 아이들이 확신을 갖고 용납하는 단계
아이들이 무엇을 하든지, 누구의 자식이든지 당신이 그들을 한 인격체로 받아들이고 돌본다는 것을 안다.

위의 세 번째 마지막 단계는 수주 혹은 여러 달이 걸릴 수도 있다. 몇몇 경우에는 그것이 수년이 걸릴 수도 있다. 그러나 하나님의 마음에 합한 양아버지에게는 친아버지에게 그런 것처럼 아버지 됨에 대한 보상이 기다리고 있다.

4. 부족한 아버지

인정하고 싶지 않지만 우리 모두는 부족한 아버지에 속한다. 우리 각 사람은 이런 저런 부족함을 가지고 아버지 역할을 시작한다. 그러나 하나님께서는 우리의 불완전함과 부적합함과 한계를 정복하실 수 있고, 심지어는 사용하셔서 우리를 하나님 마음에 합한 아버지로 만드실 수 있다.

어떤 사람은 성격적인 결함 때문에 효과적인 아버지 노릇에 어려움을 겪는다. 예를 들면, 알^{Al}은 뿌리 깊은 분노를 가지고 있어서 말과 행동에서 흘러나온다. 칼^{Karl}은 패배의식을 느낀다. 왜냐하면 그는 어떤 사람에게도 "아니오."^{No}라고 말하지 못해서 다른 사람들의 필요 때문에 그들의 가족은 늘 뒷전이 된다. 그는 많은 죄책감으로 인해 고통을 받는다. 폴^{Paul}은 겁쟁이로 자라서 용감하지 못한 것에 늘 부끄러움을 느낀다.

어떤 사람들은 기술이 부족하다. 솔직히 그들은 유능한 아버지가 되는 방법을 알지 못한다. 마크^{Mark}는 뛰어난 공인 회계사^{CPA}이고 동료들에게 존경을 받지만 자녀들에 대해 물으면 곧 고개를 숙인다. "내가 망쳐 버린 것 같고, 무엇을 해야 할지 모르겠어."라고 말하며 한숨짓는다.

내가 수년 동안 부모를 위한 세미나를 하면서 공통적으로 탄식하는 소리를 듣는다. "우리 아이들이 어렸을 때 내가 이것을 배웠다면 좋았을 텐데. 그동안 너무 멍청한 짓을 많이 했어."

많은 남자들이 아버지 역할을 하는 방법을 알지 못하는 한 가지 이유는 그들이 따르고자 하는 모범적인 본을 보지 못했기 때문이다. 많은 남자들이 아버지가 계시지 않는 가정에서 성장했다. 어떤 사람들은 아버지가 일이나 취미 때문에 혹은 가정에 소홀해서 거의 집에 계시지 않는 가정에서 자랐다. 우리의 비인간적인 사회 실정에서 어린이들이 가정이 아닌 곳에서 역할 모델이 되는 성인을 찾을 기회는 훨씬 감소되었다. 많은 아버지들이 좋은 아버지 역할을 한다는 것이 무엇을 뜻하는지 결코 보지 못했다. 이 책이 그러한 빈 공간을 채우는데 도움이 되기를 기도하는 바이다.

5. 부족함은 성장을 위한 기회이다

우리 모두는 개인적인 부족함을 지니고 있다. 이에 대해 솔직하게 직면해 보자. 그리스도인의 삶은 성장을 향한 삶이다. 우리는 우리를 얽어매는 죄와 습관들 때문에 기쁘고 풍성한 삶을 살지 못했다. 하나님은 이러한 사슬로부터 새로운 자유를 발견하도록 우리 각자를 부르셨다. 우리가 스스로에게 정직하다면 아버지 됨에 있어 우리의 약함과 실패들은 개인의 성장의 문제를 다루기 위한 하나님의 부르심이었다는 사실을 인정할 수밖에 없다. 우리는 그것들을 부인할 수도 있고, 혹은 우리로 경건한 사람, 남편 그리고 하나님이 원하시는 사람으로 성장해 갈 수 있는 초청장으로 받아들일 수도 있다.

나는 삶이란 우리가 사랑하는 하나님 아버지로부터 받은 특별한 선물이라고 믿는다. 예수 그리스도를 통하여 주어진 하나님의 구원은 그가 우리 안에서 강력한 변화를 이루시기를 원하신다는 명백한 신호이다. 그분의 자원들은 손쉽게 이용할 수 있다. 그분이 원하시는 것은 우리를 사랑하시고, 교훈하시며, 풍성케 하시고, 자유롭게 하시며 축복하시고자 그의 곁으로 우리를 부르실 때 응답하는 것이다. 부모의 역할을 한다는 것은 하나님께서 이런 일을 하시는 하나의 실제적인 현장이다.

당신에게는 당신만의 특별한 상황이 있고, 당신만의 독특한 장점과 약점이 있다. 하나님께서는 우리를 하나님이 원하시는 사람이 되도록 부르셨다. 아버지 됨이 바로 그 부르심대로 나 자신을 헌신하는 삶의 현장이 되도록 하라. 이는 우리의 삶을 더 만족스럽게 할 뿐 아니라 우리의 자녀들에게 의를 향한 목마름을 유산으로 물려 주게 될 것이다. 그리고 이것은 당신이 그들에게 물려 줄 수 있는 가장 위대한 선물이다.

당신이 참으로 성령 안에서 거듭났다면, 당신이 알든지 모르든지 이 책에서 설명했던 열 가지의 특성들이 이미 당신 안에 존재한다. 요 3:8, 살후 2:13 그리스도 안에서 기도하고 실천하고 자라감으로써 이 특성들이 당신 자녀와의 관계에서 드러나고 더욱 연마될 것이다. 매일매일 하나님을 의지함으로 당신은 하나님 아버지와 같은 그런 아버지가 될 수 있다.

묵상, 토의 그리고 실천을 위한 질문들

1. 아버지로서 아이들을 양육해야 하는 도전 앞에서 당신의 일반적인 태도를 평가해 보라. 긍정적인가, 부정적인가, 아니면 그 중간인가? 당신의 대답에 대한 이유를 설명해 보라.

_____

_____

2. 아버지 역할을 수행하는 당신의 태도에 대해 당신의 아내는 어떻게 평가할 것 같은가? 당신의 대답을 설명해 보라.

_____

_____

3. 다음의 문장을 완성해서 암기하라.

"아이들을 사랑하고 함께하는 아버지가 된다는 것은 내게 있어 긍정적인 경험이다. 왜냐하면 _____

_____ "

*4. 이 장에서 당신에게 가장 두드러진 두 가지 개념은 어떤 것들인가? 왜 그것들이 당신의 주의를 끌었고, 그것들을 당신의 삶에 통합하기 위해서 취하고자 하는 행동은 무엇인가?

_____

_____

*5. 조용한 장소를 찾아서 10-20분 동안 다음의 문장을 완성해 보라. "이 책을 읽고 묵상하고 토의하면서, 나는 _____

_____ 을 하려고 한다."

가능한 한 구체적으로 기록하라. 그런 다음 당신이 쓴 것을 소그룹에서 나누어라. 모두가 다 나누었을 때, 하나님께서 당신이 기록한 적용들을 실천해 갈 수 있게 도와주시기를 위해서 함께 기도하라. 당신이 소그룹에 속해 있지 않다면, 당신이 기록한 것을 당신의 아내나 신뢰하는 친구와 함께 나누도록 하라.

6. 이 책에서 다루었던 아버지의 열 가지 특성 중에서 당신에게 가장 뚜렷하게 나타나는 것은 무엇인가? 더 개발해야 할 영역은 어떤 것인가? 각 특성들에서 자라가도록 하나님께서 힘주시도록 기도하라.

_____

_____

_____

_____

부록

자녀와 함께할 수 있는
60가지
재미있는 일들

1. 세 달에 한 번 당신의 아이들 각자와 "아빠와의 데이트"를 하라.
2. 주일 오후를 가족 보드 게임 시간으로 정하라.
3. 크리스마스에 아이들과 함께 여기 저기 돌아다니며 장식품과 불빛들을 구경하라.
4. 가정에서 간단히 수리할 것이나 차 정비를 함께하라.
5. 엄마를 위한 특별한 음식을 준비하라. 아이들이 메뉴를 만들고 모든 사람이 웨이터같이 봉사를 하게 하라(음식을 다 먹은 후에는 설거지까지 하라!).
6. 함께 외식을 하라. 아이들이 당신을 위해 주문하게 하라.
7. 함께 장난감을 조립하라. 아이들이 대부분의 조립을 하도록 하라.
8. 함께 등산을 하라.
9. 주말에 함께 야영이나 캠핑을 하라.
10. 쿠키를 구워서 자녀와 친구들에게 나눠 주라.
11. 산책을 하면서 혹은 동물원에 가거나 집 주위 등에서 여러 장의 사진을 함께 찍으라. 사진들을 현상해서 함께 스크랩북을 만들라.
12. 주요 성경구절을 택해서 아이들과 함께 암송하고 각 구절이 자신에게 어떤 의미가 있는지를 토의하라. 열 개 구절을 완벽하게 암송할 때마다 아이스크림을 상으로 사주라.
13. 가족 배드민턴 시합을 하라.
14. 비디오 게임을 함께하라.
15. 컴퓨터를 함께하라.
16. 아이들의 운동시합이나 특별 활동에 참석해서 격려하고 칭찬을 해주라.
17. 이렇게 말하라. "이번 주에 너를 위해 기도해 주고 싶어. 너를 위해서 무엇을 기도해 주면 좋겠니?"
18. 화단을 어떻게 꾸밀지 계획을 세우고 함께 꽃을 심으라.
19. 바구니에 신선한 과일, 빵, 맛있는 크래커 그리고 통조림 등을 담아서 어려운 사람들의 집 앞에 바구니를 갖다 두라.

20. 이렇게 질문하라. "오늘 네게 일어났던 일 중에 가장 좋은 일은 어떤 것이니?"

21. 당신을 위해 기도해 주도록 아이들에게 요청하라.

22. 엄마나 할아버지, 할머니를 위해 즐거운 이벤트를 함께 만들어보라.

23. 아이들에게 당신이 왜 엄마를 사랑하는지를 말하라. 또한 아이들이 왜 엄마를 사랑하는지를 당신에게 말하도록 하라. 큰 도화지를 하나 구해서 아이들에게 그 모든 이유들을 색연필로 쓰고 꾸미게 해서 만든 카드를 엄마에게 전달하라.

24. 다른 한두 가정과 함께 모든 구성원이 참여해서 가족 촌극이나 장기자랑의 밤 행사를 가지라. 그것을 비디오카메라로 녹화하여 후대에 기록으로 남겨라.

25. 저녁 식사 시간에 "내가 가장 당황했던 순간"에 대해 모든 사람이 나누도록 하라.

26. 독서카드에 손으로 만든 쿠폰들을 붙여서 아이들에게 주라. 각각의 쿠폰에 아빠와의 일 대 일 데이트 제목을 붙이라. 아이스크림, 야구 게임, 볼링, 롤러스케이트, 그들이 원하는 게임, 피자 등(쿠폰을 사용하는 규칙 : 한 아이가 한 달에 한 개의 쿠폰만 사용할 수 있다.).

27. 성경의 한 권을 택해서 함께 읽으라. 그리고 질문을 하면서 토론하라.

28. 함께 근처에 있는 박물관들을 방문하라.

29. 엄마를 위해 가족 모두가 좋아하는 향수를 사라.

30. 과수원을 찾아서 아이들과 함께 과일 따는 날을 정하라.

31. 당신과 아이들의 옷을 사기 위해서 함께 쇼핑을 가라.

32. 무료로 관람할 수 있는 야외 공연이 있는지 알아보라. 피크닉을 계획해서 즐거운 저녁 시간이 되도록 하라.

33. 도서관에 함께 가서 아이들에게 도서관 회원권을 만들어 주고 좋은 책들을 선택하도록 도와주라.

34. 에어로빅 비디오를 사거나 녹화해서 함께 운동을 하라.

35. 근처의 대학들이 개최하는 공연이나 음악회 등에 함께 가라.

36. 가족이 함께 자전거를 타라.

37. 연 날리기를 함께하라.

38. 근처의 건설현장으로 가서 빌딩, 아파트, 혹은 도로가 건설되는 과정을 살펴보라.

39. 조부모님이 살아 계시다면, 당신과 아이들이 직접 만든 카드와 선물들을 가지고 "할아버지, 할머니께 감사하는 날"을 가지라. 그런 다음 엄마를 위해서, 그리고 주변의 이웃들과 친구들을 위해서, 그리고 교회 목사님들을 위해서 동일한 시간들을 가지라.

40. 함께 퍼즐 맞추기를 하라.

41. 저녁 식사를 마친 후 게임을 하라. 게임이 끝난 후 온 가족이 설거지를 하라. 게임에서 이긴 사람이 자기가 하고 싶은 일을 선택하게 하라.

42. 거실에서 아이들이 좋아하는 텔레비전 프로그램을 함께 보라.

43. 아이들과 함께 정원에서 꽃을 꺾어서 엄마나 다른 사람을 위한 꽃다발을 만들라.

44. 꽃을 꺾어서 꽃다발을 만들어 당신의 딸에게 선물하라.

45. 아들과 함께 책꽂이를 만들거나 가정에 필요한 것을 만들라.

46. 촛불 행사를 가지라. 모든 전등을 끄고, 촛불을 켜라. 벽난로를 피우고, 팝콘을 만들고 둘러앉아서 재미있는 이야기들을 나누라.

47. 당신의 삶에서 특별한 사람을 위해 함께 기도하는 시간을 가지라.

48. 소방서에 미리 전화하고 함께 견학을 가라.

49. 밖에서 비눗방울 놀이를 하라.

50. 크리스마스, 부활절, 광복절, 혹은 다른 특별한 날에 아이들과 함께 그날의 의미를 기념하는 연극이나 놀이를 하라.

51. 아이의 열두 번째 생일에, 오십이 개의 "특별한 선물"의 표가 들어 있는 항아리를 주라. 당신의 아이는 일주일에 하나씩 꺼내 쓸 수 있다. 간단한 선물뿐 아니라 구체적인 요구사항들도 포함하라(예 : "이번 주는 하룻밤 한 시간 늦게 잘 수 있다.", "친구를 초대하여 하룻밤을 함께 잘 수 있다.", "아빠와 함께 아이스크림이나 요구르트를 먹으러 간다.").

52. 동네나 교회에서 하는 봉사활동에 함께 참석하라. 노숙자를 위한 단체에서 배식 봉사를 하거나 교회 유치원에서 자원봉사를 할 수도 있다.

53. 구민회관의 교양강좌 반에 참석하라. 사진반, 목공, 기초 자동차 정비 혹은 집수리 등 흥미 있는 것이 있으면 함께 참석하라.

54. 교회에서 죄수들에게 편지를 쓰거나 양로원을 방문하라.

55. C. S. 루이스의 『나니아 연대기*The Chronicles of Narnia*』를 함께 읽으라.

56. 하교길에 학교에 가서 아이들을 데리고 영화를 보러 가거나 소풍을 가거나 혹은 피자를 먹으러 가라.

57. 학교에서 아이들과 함께 점심 식사를 하기로 약속을 하라.

58. "감추어진 저녁 식사"를 준비하라. 간단하게 음식을 만들 수 있는 것들을 집안 곳곳에 숨겨라. 그런 다음 첫 음식이 숨겨진 곳에 대한 힌트를 주라 (첫 음식에 다음 음식이 숨겨진 곳에 대한 힌트가 들어 있고, 같은 방법으로 힌트가 주어질 것이다.). 그것들을 가지고 음식을 준비하라.

59. 가족 구성원 각각을 위한 "존경의 밤"을 가지라. 그 사람이 좋아하는 음식을 준비하고, 식탁에 특별한 자리를 마련하라. 감사패를 주고, 가족 모두가 "내가 그에게 감사하는 것은….."에 대한 문장을 완성해서 나누라.

60. 한 달에 한 번 공식적인 만찬을 가지라. 모든 가족이 옷을 차려 입고, 식탁에서 저녁 식사를 하라. 이런 행사를 예절을 가르치기 위해서 사용하라.